【事例で学ぶ】
成功するDMの極意
SECRETS OF SUCCESSFUL DIRECT MAIL

全日本DM大賞年鑑2024

DMという広告媒体の
本当のすばらしさを
伝えていきたい

「全日本DM大賞」は、過去一年間に企業から実際に発送された
ダイレクトメール（DM）を全国から募り、優れた作品を表彰する賞です。

マス広告と違い、受け取った人にしかわからない、いわゆる「閉じた」メディアであるDMは、
具体的な事例が手に入りづらく、なかなかその効果や特性を知る機会がありません。
それと同時に、非常に緻密な戦略に基づいて制作されたDMが、
ほとんど評価されることなく埋もれてしまっているのも事実です。

「全日本DM大賞」は、DMの入賞および入選作品を通じ、
広告メディアとしてのDMの役割や効果を広く紹介するとともに、
その企画制作に携わった優秀なクリエイターたちに評価の場を提供したいとの想いから、
1987年から毎年実施し、今年で38回目を迎えたものです。
今回の入賞作品も、綿密な戦略に基づき制作され、
かつ優れたレスポンス結果を残している成功事例ばかりです。

本書は2009年から続けて16回目の出版となります。
顧客コミュニケーションの設計にかかわる読者の皆さまにとって
何らかのヒントになれば幸いです。

最後に取材・制作にご協力いただきました各広告主・制作者さま、審査委員の皆さま、
示唆に富むコメントをくださった識者の皆さま、
全日本DM大賞にご応募くださったすべての皆さまに、心から感謝申し上げます。

令和6年3月　日本郵便株式会社

【事例で学ぶ】成功するDMの極意 全日本DM大賞年鑑2024
CONTENTS

03 はじめに

06 第38回全日本DM大賞 概要

第 1 部

07 DMの持つ「人を動かす力」を解き明かす

08 受賞作品に見る今年の傾向　心を動かし、行動を喚起するDMとは

12 最終審査会レポート
日常が戻りDMはよりシンプルに　体験を促すアプローチに高評価

第 2 部

19 徹底解剖！ 成功するDMの極意
第38回全日本DM大賞 入賞・入選作品

20	金賞 グランプリ	DM＋アウトコール＋ECの相乗効果で既存顧客のリピート率アップを狙う 過去最高の受注率32.2％！ 購入履歴反映ビンゴDM／ 反応率1.8倍＆購入単価2倍！ ほたて型リピート促進	北海道産地直送センター
26	金賞 審査委員特別賞 クリエイティブ部門	ブランドへの想いと感謝を伝えるDMで顧客とのエンゲージメントを強固に ブランド40周年・エンゲージメントDM	アシックスジャパン
30	金賞	これまで機種変更に動かなかったユーザー層の行動喚起に成功 シニアの解約を阻止！ 簡単申込書で従来比UPの申込	ソフトバンク
34	金賞	RPG風の冊子で館内を大冒険　3世代で長く楽しめるDMに 夏のハワイの大冒険	常磐興産 （スパリゾートハワイアンズ）
38	銀賞	顧客基点のDMで買い替えニーズを訴求　継続顧客の維持に成果 あなたの愛用シューズに合わせたパーソナライズDM	アシックスジャパン
40	銀賞	パン型に切り抜き、ひと目でわかるDMに　サンプル請求から13件の成約を獲得 目標比330％！ 課題を"パンっ"と解決したパンDM	オリエンタルベーカリー
42	銀賞	招待券が飛び出すDMで展示会へ来場誘う　ブースへの来場者数は前年比110％に 訪問＆接触機会創出！ 前年比110％を記録した招待状	ガリバー
44	銀賞 審査委員特別賞 実施効果部門	紹介のハードルを下げる丁寧な工夫で住宅の新規注文を30件受注 新規顧客獲得のためのご紹介DM	泉北ホーム
46	銀賞 審査委員特別賞 データドリブン部門	Webでターゲットを絞りDMで申込促進　獲得率は従来比大幅UP 紙DMの無駄打ち減！ メールとDMで獲得率従来比大幅UP	ソフトバンク
48	銀賞	「すごろく」でサービスの理解を促進　周年を迎える企業に強くアピール 周年は山あり谷あり？ すごろくDMで落とし穴を把握！	TOPPANエッジ
50	銀賞	特殊印刷で疑似体験ツールを作成　店舗の「調光レンズ」売上伸長を後押し 調光レンズ売上過去最高を達成　紫外線で色が変わるDM	HOYAビジョンケアカンパニー
52	銀賞	自治体らしくない封筒でワクワクを演出　新成人や家族からも好評 巣立ち応援18歳祝い金支給事業	南相馬市

54	銅賞	二次利用フリーのマンガを活用し、立体的に「知的財産」を理解できる仕掛け 「簡単に使えないはずのマンガ」だから分かる知的財産	大阪工業大学
55	銅賞	タブレットサイズのインパクトで開封率5倍、接点創出に成功 CPA3.3倍！ 本物風のタブレットDMが話題に！	スプリックス
56	銅賞	親の心理に寄り添ったDMで高獲得！ アップセルなのに！ 上位プランへのプラン変更を促進！	ソフトバンク
57	銅賞	DXを推進する自治体との商談獲得大幅アップに成功 テレアポ成功率を5倍に引き上げた展示会フォローDM	TOPPANエッジ
58	銅賞	見込顧客に寄り添ったDMでリーチ数UP＆配送コスト減 「はじめまして」の気くばりで、購買心をつかむDM	ニチレイフーズ
59	銅賞	サプライズDMでインターン旅行の特別感を醸成 「ペンとダーツの旅」への招待状	ハタジルシ
60	銅賞	答えたくなるアンケートで休眠顧客の再開拓に成功 いま、ご活用いただけていないお客さまへ。	PR TIMES
61	銅賞	ダイエットのやる気を引き出す伴走者を起用し継続率向上 川畑要が応援！ 思わず続けちゃう継続プログラムDM	ピュレアス
62	銅賞	成功施策のノウハウを生かしブランド横断のクロスセルを実現 前年比187％！ 開封体験でF3転換クロスセル成功！	ポーラ
63	銅賞	AIの活用で成約確率の高い顧客の特徴を発見 変革の一手は"見えるカード"と"見えないカード"	三井住友カード
64	銅賞	企業イベントへの参加意欲を醸成したインビテーションキット Smile Gift	リクルート
65	銅賞	丁寧な接客とタイミング設計で大幅な転換率増加を実現 F2転換率が140％！ 世界観に逃げhないスマートDM	ロート製薬
67	日本郵便特別賞 コピーライティング部門	クレジットカードを「宝」と表現　行動デザインを取り入れたDM 眠った宝を探しに行こう！ 行動変容を起こすナッジDM	三井住友カード
68	日本郵便特別賞 エンゲージメント部門	仕事始めの日に年賀状で"一服"　ほっと一息つける時間を届ける お茶の年賀状	ハタジルシ
69	日本郵便特別賞 インビテーション部門	ブランドの個性伝わる案内状でプレス発表会への参加を促す muts プレス発表会案内DM	アジュバンコスメジャパン
70	入選		
79		全日本DM大賞 応募のためのFAQ	
80		徹底解説！ エントリーシートの書き方のポイント	
84		審査委員紹介	

第 3 部

87　ヒト・モノが動く! 効果の上がるDMの秘訣

88　DATA　DMメディア実態調査2023（抜粋）

第38回全日本DM大賞 概要

募集期間　2023年9月1日から10月31日（当日消印有効）まで

募集作品　2022年4月1日から2023年9月30日までに制作され、
　　　　　実際にDMとして発送されたもの

応募資格　DMの広告主（差出人／スポンサー）、DMの制作者（広告会社、制作プロダクション、印刷会社など）

応募総数　703点

審査過程

応募703点

一次審査通過（99点）

2023年11月
応募フォーム記載情報による審査

二次審査通過（42点）

2023年11月
9人の二次審査委員によるスコアリング

最終審査

2023年12月
10人の最終審査委員による
スコアリング、協議および投票

二次審査通過（42点）

入賞（27点）

金賞 グランプリ（1点）

銀賞（8点）

金賞（4点）

銅賞（12点）

日本郵便特別賞（3点）

入選（15点）

※ 入賞作品の中から「審査委員特別賞」3点を選定した。
※ 一部の入賞作品は、審査会での協議の結果、2作品で1点の受賞とした。

■ スコアリング方法

応募されたDM、および応募フォーム記載情報に基づき、「戦略性」「クリエイティブ」「実施効果」の3項目について、各審査委員が5段階で評価。

■「日本郵便特別賞」について

「戦略性」「クリエイティブ」「実施効果」の3軸の総合点では評価しつくせない、キラリと光る尖った要素を持つ作品を選出した。

■ 入賞作品の決定

最終審査の総得点順に1位から4位を金賞、5位から12位を銀賞、13位から24位を銅賞とした。金賞4作品の中から、協議と投票によりグランプリを選出。また、グランプリを除く銅賞以上の作品の中で、各項目別の得点に基づく上位作品から協議と投票により、「審査委員特別賞」（データドリブン部門、クリエイティブ部門、実施効果部門それぞれ1作品）を選出した。

第 1 部

DMの持つ
「人を動かす力」を
解き明かす

08 **受賞作品に見る今年の傾向**
心を動かし、行動を喚起するDMとは

12 **最終審査会レポート**
日常が戻りDMはよりシンプルに 体験を促すアプローチに高評価

受賞作品に見る今年の傾向
心を動かし、行動を喚起するDMとは

近年の環境変化は、企業のプロモーション活動や
DMのあり方にどんな影響を及ぼしているのでしょうか。
審査会の議論や審査委員からの指摘などから振り返ります。

TOPPANエッジ

オリエンタルベーカリー

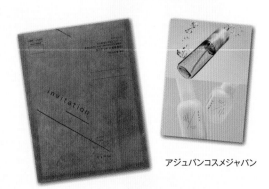

アジュバンコスメジャパン

ガリバー

BtoBからBtoCへは本当か?
商談のきっかけをつくるDMは健在

　今回出品されたDMの傾向について、「BtoB企業のDMが減り、BtoCに戻ってきた」とは多くの審査委員から聞かれた声です。コロナ下で対面による接触が制限されていた時は、営業パーソンの役割を担わせるべく、工夫を凝らしたDMが数多く登場。予算も投じられる傾向にありました。前回グランプリに選ばれたfreeeの「テンキーチョコDM」もそのひとつです。

　対面接触のある日常が戻り、量的には圧倒的に多いBtoCへの揺り戻しが起きているのは自然なことといえますが、今回もユニークなDMはいくつも見られました。周年を迎える企業に向けて、プロジェクトのコンサルティングや制作などのサービスを訴求したTOPPANエッジ(P48)はその一例。つくり込まれたコンテンツで周年プロジェクトへの理解を深めてもらい、商談のフックにつなげる工夫が凝らされています。

　逆にシンプルなつくりなのが銅賞のPR TIMES(P60)。休眠顧客の再開拓という難しい課題を解決すべく、共感性の高い回答例を記したアンケートによって再商談につなげるという取り組みで手応えを得ました。

　銀賞のオリエンタルベーカリー(P40)はインパクトのあるクリエイティブを新規開拓の突破口に活用した好例。関東圏に販路を広げるという課題にチャレンジし効果を上げています。日本郵便特別賞のアジュバンコスメジャパン(P69)はプレス向け発表会の案内状とその封筒にスタイリッシュな素材・デザインを施しています。本物のタブレット端末が届いたかと思わせるスプリックスのDM(P55)もインパクトがあります。ほかにも様々な優れたDMがあり、BtoBの活用は様々な可能性を秘めているといえそうです。

紙からオンラインへの連携はさらに進む
コスト効率化も背景のひとつに

　二次元バーコードを掲載しオンラインへ誘導するDMは多く見られます。こうした傾向はより広まっていくものといえるでしょう。

　銀賞のガリバー(P42)はリアルの展示会への案内状ですが、足を運ぶことができない場合はオンラインでも訪問できることを訴求し、ダブルで集客を図ったのが特徴。そのため、二次元バーコ

ードをメインの位置に置いたクリエイティブが目を引いています。このケースでは、ビジネス機会拡大のためにより間口を広げる意図でオンラインへの誘導を設けたものといえます。

　Webがもたらす効果のひとつに、オンライン上でのユーザーの行動を把握できることがあります。銀賞のアシックスジャパン（P38）はパーソナライズ化された商品訴求策に二次元バーコードからのアクセス履歴を活用しています。こうした情報アクセスへの設計は今後より進化が期待される分野といえます。

　DM施策に影響を与えつつある環境変化のひとつに、様々なコストの増加があります。用紙代ほか資材にかかわるコスト、発送に伴うコストともに高まる傾向にあるためです。DMに掲載する情報の一部をオンラインに移しDMはインパクトのあるものに特化することで、トータルコストの削減を図るようなケースも増えてくると思われます。

　銅賞のニチレイフーズ（P58）はオンライン誘導ではありませんが、情報を取捨選択して掲載量を減らしたことで効果を上げたケースです。従来のカタログ送付を見直しA4サイズ4ページの圧着型にし、サービスのメリットを分かりやすく伝えるなどの工夫を凝らしています。

手触り感のあるクリエイティブ
周囲との感動の共有はDMならでは

　DMの特長として、形のある、手に取ることができるものであることは今も昔も変わりません。ただ、ネット広告全盛の時代にあってこの特性に対する注目度はより高まっているといえるでしょう。

　グランプリの北海道産地直送センターのほたてDM（P20）や銀賞のオリエンタルベーカリー（P40）の「パン」をかたどったクリエイティブなど、感情に訴えかけることができるのはDMならでは。社員とその関係者向けイベントへのインビテーション（招待）キットを詰め込んだ銅賞のリクルート（P64）は、社内デザイナーらによるオリジナルグッズによってイベントへの期待感を高め、会社と従業員とのエンゲージメントを強固なものにしています。

　印刷や加工の技術で特別感や遊び心を演出することができることもポイント。HOYAビジョンケアカンパニー（P50）は、紫外線の量によって色が変化するメガネの「調光レンズ」の特性を伝える目的で、特殊印刷を用いてレンズの疑似体験ができるDMを作成しました。広告制作会社のハタジルシ（P59）は、採用活動の一環として実施している宿泊を伴うインターンシップの参加を促すため、箔押しや封蝋を施した「招待状」をサプライズで送付し、学生の感情に訴えかけました。

　金賞の常磐興産（P34）は、スパリゾートハワイアンズの来場促進の一環で、訪問前は旅行の計画書として、帰宅後は楽しい思い出を記した旅行記として残しておくことができるDMを送り効果を上げています。前年に好評を博した企画で、さらにブラッシュ

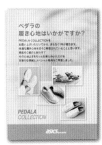

アシックスジャパン

ニチレイフーズ

北海道産地直送センター

HOYAビジョンケアカンパニー

常磐興産
（スパリゾートハワイアンズ）

ソフトバンク

北海道産地直送センター

アシックスジャパン

ロート製薬

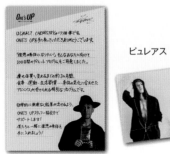

ピュレアス

アップを施しました。銀賞の南相馬市（P52）は、18歳を迎えた市民に向けポジティブなメッセージとともに、「自治体らしくない」DMを送り驚かせました。こうしたケースは、受け取った本人だけでなく、家族など周囲と共有する楽しみもDMの特性であることを示しています。

進化を続けるデータ活用
パーソナライズ化はさらに進む

受け手のニーズに合ったメッセージの配信を助け、DMの効果を高める「データドリブン」な仕掛けについても進化を続けています。今回データドリブン部門の審査委員特別賞に選ばれたソフトバンクのDM（P46）は、優れた仕組を構築した好事例のひとつ。Webサイトを閲覧したユーザーに対してSMS送付を挟んでDMを送付。子どもを持つユーザーのみが対象のサービスのためターゲットが限られますが、こうしたDMの「無駄打ち」を減らすことに役立っています。これまでは子どもがいそうな人をAIで判別していたということですが、ターゲティングのさらなる精緻化を進め効果を上げました。

グランプリの北海道産地直送センター（P20）の「ビンゴDM」は、送付した「ビンゴカード」を顧客ごとに購入履歴をもとにパーソナライズしています。同じ商品をいつも購入している顧客に別の商品の購入を促すなどの仕掛けがなされているのが秀逸といえるでしょう。一方の「ほたてDM」では、ECサイトへの動線である二次元バーコードをすべてオリジナルのものにすることで、個々のユーザーがオンライン上でどのページにアクセスしたかが分かるようにしました。このデータを今後の施策に活用していくということです。

金賞のソフトバンク（P30）は、3Gサービス終了に伴う端末の買い替えを促すため、顧客に「自分ごと」と感じてもらえるよう主な端末20種類について、自身が使用している機種のビジュアルを掲載するようにして効果を高めています。金賞、銀賞を受賞したアシックスジャパン（P26、38）も、顧客の購買履歴をもとにお勧めの商品を変えるなど、データ活用に力を入れていることが分かります。

巧みなプログラム設計で効果を高める
ブランド訴求と高い効果の両立へ

複数回の送信で期待感を高めたり、離脱を防止したりするプログラム設計もDM戦略の真骨頂です。銅賞のロート製薬（P65）は、サンプル請求から本商品への転換率を上げるため、商品のリアルな効能への理解度を高めるというプログラムに切り替えを行い、それを効果につなげています。通販のプログラムでやるべきことを丁寧に、きめ細かく行っている王道のDMともいえ

るでしょう。

銅賞のピュレアス（P61）も、ダイエットの継続という難しいテーマに対して、1信、2信、3信、4信と継続的にDMを送るほか、タレントも一緒にダイエット期間を走っているように見せながら励ますアプローチを取りました。いわば理性と感情の双方に訴えかけたともいえるでしょう。ダイエットに挫折しそうなときに効果的にDMを送ることで、成果にもつながっています。

販売促進の基本のひとつである「紹介」をうまく仕組み化したのが銀賞の泉北ホーム（P44）。お友達紹介カードを複数枚同封されて、忘れずに紹介してもらえるようにしています。また、ただカードを同封するだけでなく、「記入する→渡す→来店→成約」と、カードを使った流れを分かりやすく見せていることも特徴。住宅は単価が高いこともあり、紹介で得られる効果も大きなものがあります。

銅賞のポーラ（P62）は高価格帯の化粧品で、ブランドの訴求とともに高い効果を達成しています。高いクオリティに加え、クロスセルアイテムのサンプルをプレゼントとして送付し、購買につなげています。ベーシックながら手堅いアプローチでレスポンス率は11.8%。クリエイティブの完成度の高さと成果を両立させた好例といえるでしょう。

今後の動向を占う
ユニークなDM活用に期待高まる

漫画『ブラックジャックによろしく』のキャラクターを使って、ユニークな「知的財産学部」を一点突破型で徹底的にアピールした大阪工業大学（P54）。学部の知名度が前年の27%から43%に上昇し、パフォーマンスもきっちりと上げるなど高い効果を上げることができました。

銅賞の三井住友カード（P63）は、コーポレートカードに対して、経理上バーチャルのカードとして扱えるパーチェシングカードがあることを、見えるカードと見えないカードの2つでアピールした切り口が優れた好例です。BtoBのDMのモデルケースとなることが期待されます。日本郵便特別賞を受賞したハタジルシの「お茶の年賀状」（P68）もユニークな試みでした。大企業だけでなく、様々な企業や団体にとってDMが活用できることがうかがえます。年賀状などで会社の個性を打ち出していくような取り組みは、中小企業もすぐにでも取り入れることができます。

次年度以降のDMのトレンドはどうでしょうか。これまでも続いてきた「データ活用とパーソナライズ」「オンラインとの連携」はさらに進むでしょう。ビジュアルインパクトや手触り感を発揮したDMへの期待も高まる一方で、コスト高傾向をどうクリアしていくかがポイントのひとつとなりそうです。ゴミをなるべく出さないといった配慮も求められるでしょう。より幅広い業種・業態のDM活用も期待されます。

泉北ホーム

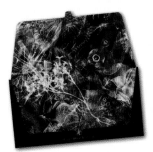

ポーラ

大阪工業大学

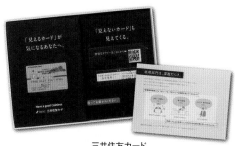

三井住友カード

ハタジルシ

日常が戻りDMはよりシンプルに
体験を促すアプローチに高評価

第38回全日本DM大賞は、コロナ禍を経て企業活動に制限がなくなったことから、
様々なマーケティング活動の一環としてDMに役割を持たせるといった使い方が目立った。
また、DMのクリエイティブをシンプルにまとめる一方で、
裏側では精緻なターゲティングを行い、顧客を的確に捉えている作品も見られた。
紙をはじめ資材高騰などの影響を受ける中、DM活用はどのように変化しているのか。
審査会での議論を振り返るとともに、今年のDMの潮流や来年に期待することを聞いた。

購買に導く仕掛けとインパクトで
2作品まとめてグランプリに

恩藏：今年は、DMの傾向が変化していることを感じました。例えば数年前は、マーケティング界でセンサリーマーケティングが注目された影響か、香りや触感などに凝って五感を刺激するDMが多く見られましたが、今年は比較的シンプルになってきていると思いました。また、一時期はBtoBのDMが多く見られましたが、再びBtoCに戻ってきたことも感じます。

　グランプリに輝いた北海道産地直送センターは、2作品のどちらも審査委員の評価が非常に高く、まとめての受賞となりました。その一つであるほたて型のDMは、ビジュアルに迫力がありましたね。

藤原：ほたてを開いた中面に掲載されている「ほたてコロッケ」も、インパクトがありました。

宮野：コミュニケーションもとても分かりやすいですよね。

加藤：もう一つの作品は、ビンゴを用いて購買意欲を刺激する仕組みがうまくできていると思いました。食品会社の戦略でよくあるのは、ラーメンやほたて、かになどをセットにして売るといったものですが、あえてビンゴにすることで、商品のラインナップをすべて購入してもらえるよう仕掛けています。デジタルではそうした仕掛けをよく行いますが、DMでも単にカタログを送るのではなく、このような仕掛けをつくったことが素晴らしいと思いました。実際に、高い効果も得られていましたよね。

椎名：ビンゴで購入させるという事例は過去にも見たことがありますが、ターゲット層の購買履歴に合わせて購入しそうなものを事前にビンゴに設定しておくというのは、秀逸だと思いました。そこまで仕掛けている例は今までなかったですね。

加藤：金賞と審査委員特別賞（クリエイティブ部門）を受賞したアシックスジャパンは、40周年を機とした企業のブランディングと、それによる離反顧客の掘り起こしを目的としたDMですね。これ

審査委員長・恩藏直人
今年はシンプルなDMが多かった。
来年はクロスメディアを用いた
仕掛けの発展にも期待したい。

もクオリティが高かったという印象です。

宮野：構成がよく考えられていましたし、内容も丁寧につくられていましたよね。

藤原：皆が知っているブランドが、ここまできちんとブランディングに取り組んでいるというのは、すごいチャレンジだと思います。

明石：クーポンを利用して、店頭やWebサイトへの送客にも成功しています。

椎名：レスポンスはクーポンの利用を見ているのだと思いますが、レスポンス率は17.5%と、ブランディングツールにしては高い数値が得られています。ブランディングと効果の両立が成功していて、すごいなと思いますね。

加藤：昨年に引き続き金賞を受賞した常磐興産のスパリゾートハワイアンズも、よくつくり込まれていました。昨年と方向性は似ていますが、切り口を毎年変えながら、家族でハワイアンズに誘引する仕掛けを非常にうまく設計しています。ハワイアンズに行く日付を書く欄があるのですが、子どもに「何日に行く?」と聞かれれば、親は絶対に連れていきますよね。

椎名：読み手としても、情報量が多くてたくさんの発見ができるので、興味を引きます。

音部：私は、昨年と似ているのに、飽きさせないという点が素晴らしいと思いました。書き込むことでインタラクションを実現するというのは紙でなければできませんし、親も見ながら一緒に取り組むというファミリーイベント感も、紙でなければ演出できません。夏になると毎年これが送られてくるというのは、きっと思い出にもよく残るでしょうね。

岡本：そうした体験が企業のイメージにもつながっていくというのは、すごく良いことですよね。

上島：私も、DMの機能を考えたときに、書き込めるというのはす

ごく良い体験だと思いました。家族の中に入っていくことができるのも、帰ってきてから思い出としてずっと持っていられるのもDMならではなので、高く評価できると思っています。

マーケティングの全体戦略で DMを効果的に活用

音部：金賞のソフトバンクは、携帯会社が社会インフラとして果たさなければいけない役割をしっかりまっとうするDMになっていると思いました。クリエイティブは派手ではありませんが、このDMを見て多くのシニアがガラケーからスマホに替えたというのは、社会にとっても重要なことですからね。

明石：申し込みの際に迷ったり、間違えそうな箇所を丁寧に説明し、文字を大きくすることなどからも、シニア層への分かりやすさを追求していることが伝わってきます。

藤原：僕は、このDMは送付のタイミングがすごく良いなと思いました。あえて子世代が帰省するお盆に送付し、特典の使用期限を9月末までとすることで、子どもにスマホへの買い替えを後押ししてもらう仕組みになっています。

上島：ソフトバンクは、PDCAをきちんと回していますよね。その点からも、すごく良い事例だと思いますね。一方、同じソフトバンクで銀賞および審査委員特別賞（データドリブン部門）を受賞した作品は、Webサイトの閲覧履歴を検知してSMSを送付し、それでも反応しなかった人にオンデマンドでDMを送っています。顧客の行動パターンにここまで合わせたというのは、データドリブンの視点からとても評価できると思いました。

椎名：仕掛けが革新的ですよね。

上島：銅賞のソフトバンクの作品は、データの利用実態にあわ

上島千鶴
ワン・トゥ・ワンマーケティングの実現を
目指すDMが増えた。

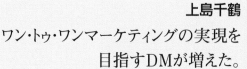

音部大輔
ターゲティングがより精緻になっている。
それは、今の時代ならでは。

せて訴求内容を変え、具体的な提案を行っています。親の心理をくんだ視点でクリエイティブを考えている点が良いなと思いました。

音部：銀賞のアシックスジャパンも、データをしっかりと生かしている事例です。過去の購買履歴をもとにおすすめする商品をパーソナライズし、DMで商品の機能を分かりやすく説明することで買い替えを訴求して、Webサイトへ誘導しています。マーケティング戦略の中で、DMの役割を明確にして活用していると感じました。

銅賞のポーラは、DMの送付タイミングが消費者心理に合っていて、理に適ったクロスセルだなと思いました。というのも、しわ改善用の化粧品を使っていると自分の顔をよく見るようになるので、一時的にしわが増えたと感じるようになるんです。特に目の周りが気になるようになるので、そのタイミングで目元まわりの化粧品を訴求するDMを送付するというのは非常に納得できますね。

岡本：銅賞のPR TIMESは、全体の佇まいが良いなと思いました。返信用の紙も、返信しやすい仕様になっていて、優しいなと思いましたね。

上島：PR TIMESはインターネット上のサービスですが、メールなどのデジタル施策に反応しない休眠の企業層に対して、あえてデジタル接点を使わずにDMでアプローチしています。担当者名もきちんと書かれていて、よく考えられているなと思いました。

加藤：このアンケートは、休眠を復活させるためというよりも自社の改善のために実施しているのだと思いますが、それをデジタル

のアンケート機能ではなく、紙を使っているところが面白いですね。

シンプルでありながら完成度の高さが光る

椎名：銀賞のガリバーは、DM上で展示会の疑似体験をさせるポップアップの仕掛けと、近年はウェビナーが多い中でリアルの展示会を見直そうという視点がありました。シンプルなパッケージですが非常によく考えられているなと思いましたね。

上島：営業担当者の名前をきちんと入れているところもすごいなと思いました。

私は、銀賞のオリエンタルベーカリーも、シンプルで分かりやすくて好きでしたよ。

加藤：僕も好きでした。無駄がなく、まとまっているんですよね。

藤原：サンプルの申し込みにつながる動線もしっかりと入っていて、DMとしての完成度が高いなと思いましたね。

椎名：銀賞と審査委員特別賞（実施効果部門）に輝いた泉北ホームは、友達紹介のカードをつけるというシンプルな施策で、大きな売上をあげています。

音部：新築を建てると、家に人を呼ぶので、そのときにカードを渡すという行動が容易にイメージできます。ハウスメーカーの名前を言うだけでなく、その情報が記載されたカードを渡せるので、クチコミをしやすい仕組みになっているなと思いました。新築の家に人が来るというのはハウスメーカーにとって重要なことだと思う

藤原尚也
見ていてワクワクするDMに
久しぶりに出会った。

明石智子
**若年層に向けた
DM活用の余地は、まだまだある。**

のですが、その機会をうまくクチコミに生かせていないメーカーが多いと思うんですよね。

明石：銅賞のニチレイフーズは、以前は厚いカタログだったものを、手軽に読める圧着DMにして、シンプルで分かりやすくまとめています。紙の使用量を減らすことで、コスト削減にもつながっていて良いですね。

藤原：銅賞のロート製薬も戦略が素晴らしく、抜け漏れがないよう、徹底して考えられているなと感じました。

明石：分かりやすいコミュニケーションで、成果も素晴らしいです。

加藤：クーポンのつくり方、型紙、ブランドカラーで統一された世界観など、どれをとってもクオリティが高いですし、労力の大きさも感じましたね。

自治体もDMを活用
家族で楽しめる良さも

音部：私は銀賞に選ばれた南相馬市が好きです。DMは家に届くので、家族全員で見られる数少ないファミリーメディアだと思うのですが、これは親が見てもうれしいのではという気がします。色紙が入っているから、そこに普段言えないようなことを書いて渡したりすることもできそうですし、家族の中でそうしたインタラクションを促す素敵なアクティビティになっていると思いました。

自治体の取り組みであることも意義深く、社会が君を応援しているというメッセージを、自治体が社会を代表して伝えるという

立ち回りがうまくできていると感じます。私個人としては、今回の審査対象の作品の中で、高く評価したいと思ったDMです。

藤原：自治体が5万円を給付することを周知するという観点でも、ハッシュタグを指定してSNSへの投稿を促し、この取り組みを多くの人に知ってもらうというストーリーがしっかりできています。きちんとターゲットを見据えた展開になっていますよね。

加藤：自治体からの手紙は茶封筒で来ることが多いわけですが、そうではない封筒が役所から送られてくるというのも良いですよね。

岡本：あらゆる市町村が人口流出に頭を抱えている中、巣立つことを応援してくれるというのも好感が持てます。一度巣立っていったとしても、いずれはまた戻ってきてくれるのではないかという気がしますね。

一方、銅賞のTOPPANエッジは自治体を対象にしたDMで、自治体のDXという大きな課題に丁寧に寄り添っています。デザインやコピーから感じられる真面目さも良いなと思いましたね。

つくり込んだクリエイティブで
商品の内容や技術を伝える

上島：銀賞を受賞したHOYAは、クリエイティブで自社の技術を伝える工夫をしていて面白いと思いました。

加藤：太陽に当てるという、夏休みの自由研究を思い起こさせるDMですよね。このようなDMは今までなかったなと思います。

岡本欣也
**DMにはいろいろな形があり、奥深い。
言葉の重要さも再確認できた。**

椎名昌彦
BtoCはクリエイティブに「軽さ」「簡素化」傾向。
デジタルとの掛け合わせで、情報を補完。

店舗に誘導する仕掛けがもっとあればよかったのではと思いますが、物性のあるDMならではの取り組みという観点ではとても面白いです。

椎名：ハガキ1枚で全部できてしまうというのも良いですよね。

銅賞の三井住友カードは、「見えるカード」とそれに対する「見えないカード」という切り口でクリエイティブを制作し、2つのサービスを説明しているところが優れているなと思いました。BtoB施策としての成果も、とても良い感じです。

加藤：銅賞を受賞したピュレアスは、非常によくつくり込まれているなと思いました。ここまで丁寧につくるのは珍しいほどです。

藤原：タレントさんをここまで活用できているというのも、その方の所属事務所を含めてきちんと話し合っていなければできないことですしね。

上島：同様に銅賞のリクルートに対しても驚きがあり、従業員向けでここまでやるのが、単純にすごいと思いました。

音部：私は、子どもに自分の仕事について説明するのに向いているなと思いましたね。家族のインタラクションを促す良い企画なのではないでしょうか。昔は、地方新聞の広告でこうした取り組みをやっていたと思いますが、これは現代にあわせて、かつ安価なコストで有意義なことをしているなと感じます。

岡本：銅賞を受賞したハタジルシについても、イベントを含め、新卒採用に関してここまできちんと企画してやるのはすごいなと思いました。

藤原：僕は、DMを送っただけでなく、それを持参しての参加を促すという一連のストーリーが面白いと思いましたね。紙の裏までこの会社のこだわりが詰まっていることが感じられました。

椎名：銅賞のスプリックスは、重さまでタブレットを再現したところが面白かったですね。インパクトがありますし、反応もしっかりと得

られていました。

同じく銅賞の大阪工業大学は、マンガのキャラクターを使って、知的財産を扱う学部であることをアピールしていました。日本で唯一のユニークな学部を分かりやすく伝えていると思いましたね。

音部：銀賞のTOPPANエッジは、企業が自社の周年企画を進めていくときに直面する困りごとを並べて、すごろくにしています。創業年数を調べればターゲティングできますし、周年企画をサポートしてほしいというニーズは間違いなくあると思うので、いいなと思いました。

上島：果たしてこのすごろくを受け取った企業が本当にこれで遊ぶのかというのは疑問が残りますが、クリエイティブは面白かったですね。

音部：確かになぜすごろくなのかは分かりませんが、すべての枠に困りごとやタスクが書かれているので、どこかには当てはまると思うんですよね。そのときに関与度が高まって、連絡をするという仕組みになっているのだと思いました。

岡本：サイコロやコマも入っていて、芸が細かいですよね。総務部の人がいきなり机に広げてやり始めたら、ちょっと面白いですけどね（笑）。

シンプルなDMが増加
裏側はより精緻な仕組みに

明石：今年のDM大賞は、課題に向けて忠実に展開している作品が多かった印象です。一方で、大胆にチャレンジしているものが少なかったように感じたので、来年は何らかのチャレンジをした作品が増えることを期待したいと思っています。個人的に印象に残っているのは、南相馬市のDM。自治体が若者に向けた応

馬場慎一郎
紙でなければ伝わらないものがある、
それがDMの魅力。

宮野淳子
DMならではの価値を理解した上で、
戦略やクリエイティブをつくることが大事。

援メッセージをDMで、SNSなども活用しながら展開していくというのは、非常に新しい取り組みだったのではないかと思います。

若年層に向けたDM活用の余地はまだまだあると思っているので、来年はそうした作品にも期待したいですね。また、クリエイティブやメッセージにおいて、DMが持つ体験力を生かしながら、より個人に訴えかけるようなアプローチの作品が見られることにも期待しています。

岡本：グランプリの北海道産地直送センターも、銀賞のオリエンタルベーカリーもそうですが、やはり切り抜きにはインパクトがありますね。とはいえ、単に切り抜いただけでなく、言葉もしっかりと掴みになっており、その工夫との掛け算でパワーのあるDMになっていることがポイント。僕自身もコピーライターとして、言葉の重要さを再確認できました。

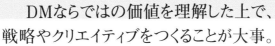

今回の審査を経て、DMの世界は僕のイメージの何倍も奥深いことが何よりの発見でした。金賞と審査委員特別賞（クリエイティブ部門）に選ばれたアシックスジャパンは、効果だけを追い求めるのではなく、それを超えて企業姿勢を表明していくという新しいDMの形を示していたように思うので、そういった作品がどんどん増えていけば嬉しいなと思いますね。

音部：昨年、一昨年と比べてやや残念だったのは、他のメディアにはないDMの特徴の一つである触覚や嗅覚、味覚などの五感に訴える作品がほとんど見られなかったことです。ただ、DMの物性を利用したコミュニケーションは顕在でしたね。また、今年は以前よりもターゲティングが精緻になっている印象があり、今の

時代らしさを感じました。

加藤：DM大賞の審査委員を8年続けてきて感じるのは、DMがミニマスメディア化しているということ。チラシやテレビ、雑誌、新聞などの代わりに使われているという印象を受けました。普段、僕はデジタル領域で仕事をしているのですが、常にDMに嫉妬をしていまして。デジタルは、いわゆるランディングページ、Webサイト、メールマガジンと手段が限られていて、切り抜きもできません。DMは、切り抜きはもちろん、触らせることも、使わせることも、遊ばせることもできます。

グランプリの北海道産地直送センターはビンゴのマスを押して開くという体験ができるようになっているし、常磐興産は書かせるようにできています。このようにデジタル領域の人間が嫉妬するリアルな機能があるからこそ、来年はそうした機能をうまく活用したDMがもっと増えてほしいなと思っていますね。

上島：今年は、カードをセットにしたDMが多かったように思いました。カードはそれ自体を持ち歩かせることができますし、気軽に手元に残せるという体験的なメリットもあります。また、新規の顧客よりも休眠顧客をターゲットにしたDMが多い印象も受けました。

ほかにも、DMの次にまたDMを送る、あるいはDM送付後にSMSを送り、さらに架電するといった、デジタル以外にも複数のメディアを組み合わせた事例もよく見られました。このように、アクションベースやオンデマンドベースでワン・トゥ・ワンマーケティングを実現するというDMが増えたことも印象的でしたね。

椎名：コロナ禍では、DMのほかにできることが少なかったため

加藤公一レオ
DMには、DMにしかない機能がある。
その活用をもっと期待したい。

力の入ったDMが目立ちましたが、今年は正直なところ、小粒でまとまっていると感じました。また、世の中の流れとしてはデジタルとリアルの統合が着々と進み、DMとSMS、DMとメルマガといった組み合わせや、DMから二次元バーコードでWebサイトへ誘導するといったことが普通になりつつあります。それゆえに、DM大賞ではそちらの方向でさらに革新的な作品があるかと期待しましたが、そうでもなかったという印象もありました。

　今年はBtoBがひと段落した代わりにBtoCが台頭し、その中でも軽いクリエイティブのDMが出てきたように思います。というのも、現代の人は結論を急ぐ傾向にあり、重い封書のDMを読み込むということがあまりはまらなくなってきているのかもしれません。その代わり、二次元バーコードなどでWebサイトに遷移させるといった流れになっているようです。例えばニチレイフーズは、コスト削減のためにカタログをシンプルにしましたが、パフォーマンスは変わらなかったという結果が得られていました。こうした世の中の流れを汲んで、今後は必要最低限の情報をシンプルにまとめる工夫をしたDMが多く見られるようになるかもしれないと思いましたね。

藤原：やはり、今回は全体的にシンプルなDMが多かったという印象でした。その半面、データを活用したり、より精緻にターゲティングを行ったりと、裏側の努力が見られたように思います。

　そうした中で、送付した後の行動も含むストーリー性をよく考えられたDMがありました。例えば北海道産地直送センターのほたて型DMは、ほたて型に切り抜いたクリエイティブだけでなく、全体のストーリー性も含めてワクワクするものになっていたと感じま

す。こうしたDMは久しぶりで、見てワクワクするというのはシンプルながら大事なことだということを、改めて実感しましたね。

宮野：昨年に比べると、顧客の状況を分析して理解した上で、DMをセグメント配信する企業が増えたなと感じました。これは、マーケティング戦略の一つとしてDMの活用ができているということなのではないかと思います。ただその一方で、紙の価格の高騰によって、DMがコスト高になっています。そこで、今後はDMの良さを改めて考え、DMによって届けられるものの価値をしっかりと理解した上で、戦略やクリエイティブをつくり込んでいくことが大事なのではないかと思いました。DM大賞でもそうした作品が出てくれば、より多くの企業がDMの良さに気づき、活用に目を向けてくれるのではないかと思っています。

馬場：こうして受賞した作品を見ると、広告として商品の魅力を伝えるDMもあれば、南相馬市のようにメッセージを伝えるDMも、常磐興産やTOPPANエッジのすごろくのように楽しんでもらえるDMもあり、郵便を受け取ってうれしいと思ってもらえるような作品がバランス良く選ばれたのだなということを感じます。紙でなければ伝わらないものがあるというのが郵便の魅力だと思っていますので、今後も紙や郵便の良さを伝えることで、DMをご活用いただけるような機会を増やしていきたいと思っています。

恩藏：素晴らしい作品を選ぶことができたと思います。今年は、デジタルとの掛け合わせや、クロスメディアの仕掛けが期待していたほど発展してはいなかったという印象を受けたので、来年に期待したいと思います。本日はありがとうございました。

第2部

徹底解剖！成功するDMの極意

第38回全日本DM大賞 入賞・入選作品

20 　♛ 金賞 グランプリ

26 　♛ 金賞 審査委員特別賞

30 　♛ 金賞

38 　♛ 銀賞

44 　♛ 銀賞 審査委員特別賞

48 　♛ 銀賞

54 　♛ 銅賞

66 　♛ 日本郵便特別賞

70 　入選

79 　全日本DM大賞 応募のためのFAQ

80 　徹底解説！エントリーシートの書き方のポイント

84 　審査委員紹介

■基礎情報の記載事項
①企業概要（主な商品、サービス、ビジネス内容）
②主なターゲット顧客層
③ダイレクトマーケティングツールの通常の活用状況

■なぜDMを使用したのか
今回の施策でDMを選択した理由、
および全体の中での位置付け

■staff略号

Adv	広告主担当者	Dir	ディレクター
CD	クリエイティブディレクター	Pr	プロデューサー
AD	アートディレクター	Ph	フォトグラファー
D	デザイナー	I	イラストレーター
C	コピーライター	Co	コーディネーター
Pl	プランナー	AE	営業

DM＋アウトコール＋ECの相乗効果で既存顧客のリピート率アップを狙う

過去最高の受注率32.2%! 購入履歴反映ビンゴDM／反応率1.8倍＆購入単価2倍! ほたて型リピート促進

» 広告主　北海道産地直送センター

» 制作者　富士フイルムビジネスイノベーションジャパン、プラナクリエイティブ

staff 〔ビンゴDM〕D 菊池 志野　C／Dir 伊東 美奈子／〔ほたてDM〕CD 渡辺 武　AD 森山 結衣　D 生清 由佳　C 渡辺 武、森山 結衣
PI 守田 広太、齋藤 敦、溝川 直樹　Dir 齋藤 愛　AE 永田 亮、町田 央衛、久保田 健、國部 哲久

POINT
1

華やかな色合いと大きな"感謝"の文字が目を引く
「のし」をイメージしたDMで開封率をアップ。

POINT
2

対象顧客の2年分の購入履歴を洗い出しデータ化。買いやすい
（揃えやすい）マス目を並べて参加意欲へつなげた。

左から、プラナクリエイティブの森山 結衣氏、渡辺 武氏、北海道産地直送センターの松尾 直樹氏、富士フイルムの町田 央衡氏、プラナクリエイティブの伊東 美奈子氏、富士フイルムの永田 亮氏

DM施策の全体図〔ビンゴDM〕

日頃の感謝のメッセージとビンゴカードが入ったDMが届く

↓

フォローコールでスタッフが手元のDMについて説明し自然に商品購入を促す

↓

商品を購入してビンゴを揃える

↓

プレゼントをゲット

北海道産地直送センターは、年3回以上購入の顧客向けに「購入履歴反映ビンゴDM」と、購入単価が低い顧客向けの「ほたて型DM」を制作。送付後にアウトコールしやすい環境をつくり、購入回数の引き上げや、ECサイト経由のリピート購入を促すクロスセルで成果を上げた。

目的	主に継続顧客化（購入回数と単価アップ）。新たな顧客コミュニケーションの創出
DMの役割	顧客との関係の構築。販売促進
発送数	2,733通
効果	従来DM過去最高の受注率17.5%を1.8倍以上も上回る32.2%を達成。売上に貢献しただけでなく継続性の高いビンゴによって次回の購入も促す
ターゲット	年3回以上購入の既存顧客

購入履歴反映「ビンゴDM」

戦略性

感謝を込めたDMで
既存顧客との絆を強化

　北海道の特産物を扱う北海道産地直送センターは、売上構成の約30%が新規顧客、70%が既存顧客によるもの。既存顧客のリピート率を引き上げる方法として、主力窓口であるコールセンターとお客様との関係を強化し、営業生産性向上につなげるDMを実施した。

・マーケティング方針

　対象顧客に対する課題は、購入回数の引き上げとコミュニケーションの強化。そこで、対象顧客を担当するコールセンタースタッフ6人の顔写真とコメントを載せた「日頃の感謝を伝えるDM」を制作し、窓口スタッフと顧客との距離感を縮め、継続購入促進と新たな関係性の創出を狙った。

・販促企画

　購入回数の引き上げと顧客とのコミュニケーションを促進する方法として「ビンゴゲーム」に着目。対象顧客の2年分の購入履歴を

4つの傾向に分類し、導き出した傾向にそって、ビンゴカードの縦・横・斜めに商品を配置した。顧客がビンゴを揃えやすい購入ラインを作り、1列揃えるごとに同社商品をプレゼントすることで、最低でも年4回以上の購入促進を図った。

・ターゲティング／リスティング

　年3回以上購入履歴があり、ECよりもコールセンターに接点がある、主に60代以上の顧客層。

クリエイティブ

購入履歴をもとに商品を配置
買ってビンゴ!でプレゼント贈呈

　DMの形状は、他の郵便物に埋もれないよう、華やかな「のし」をイメージしたデザインに。中面には温かみのある色合いでスタッフのメッセージを配置し、リアルな言葉で感謝の気持ちを伝えた。
　一方「ビンゴカード」は、商品の規格や数量などの詳細は省き、マス目に商品名だけをシンプルに記載して内容を知りたくなる仕組みに。さらに、購入履歴にそった商品のマ

ス目以外には季節商品やおすすめ商品を配置することで、決まった商品しか購入しなかった顧客に、他の商品も試してもらう機会を創出した。

また、ビンゴカードの利用ガイドやプレゼント一覧リストを丁寧に制作することで、顧客がビンゴゲームを楽しめるよう配慮。事前にコールセンターの担当スタッフと運用ルールを共有し、顧客の手元にDMが届いたタイミングを見計らってフォローコールを実施した。

顧客との自然な会話が生まれ
過去最高の受注率を達成

対象顧客の年齢層が主に60代以上と高齢だったため、紙面上でいかにビンゴのルールを分かりやすく伝えられるかが課題だったが、投函後すぐに顧客側から問い合わせがあり「ビンゴって何？」や「楽しそう！」「何を買ったら早く1列揃うの？」など、ゲーム参加と商品購入に意欲的な声が多数寄せられる状況となった。

コールセンタースタッフは、ビンゴのルール説明を中心にプレゼントの紹介なども丁寧に行いつつ、自然な会話とコミュニケーションによって商品購入を促すことに成功。またスタッフの顔写真を掲載したことの相乗効果もあり、顧客との会話が盛り上がるなどして、そのまま商品購入に至るケースも多かった。結果的に、今までにないほど大きな反響になり、同社の既存DMにおいて過去最高の受注率32.2％（MR7.42）を記録。顧客との間にもより深いつながりができたと実感している。

POINT **3**

コールセンタースタッフらの顔写真と自筆コメントを掲載。特別なサンキューレターで感謝と親しみを表現。

POINT **4**

ゲームの丁寧なルール説明を掲載。さらにコールセンタースタッフからの「お電話でもご説明します！」という声がけを載せることで顧客と交流しやすい環境を整えた。

審査委員講評

ビンゴという誰でも知っているゲームを取り入れたDMです。購入履歴がビンゴカードの獲得箇所として反映されるので、「ビンゴ」を目指すお客の購買意欲を引き上げます。受注率の高さが、このDMの効果を示しています。

恩藏直人

ユニークに切り抜かれた形状や、D2Cならではの購入データにもとづくユーザー理解、それらを使った体験提供など、DMがもつ物性の高さという特徴をうまく使った活動が工夫されています。

音部大輔

「ほたて」と「ビンゴ」の両方とも、愚直なまでにターゲットに寄り添い、商材をしっかり見せたクリエイティブとタイミング、そしてアクションまでのマーケティングストーリーが素晴らしいと思いました。また、「ほたて」のメッセージを真逆にし、ABテストを行うことでより複数のマーケティングストーリーにチャレンジしているところも本当に、広告主と関係者がチームワークでつくり上げたのだと伝わります。

藤原尚也

POINT **5**

ビンゴを揃えてもらえるプレゼントをシズル感たっぷりに見せ、ビンゴへの参加意欲を高めた。

クロスセルを図る「ほたて型DM」

戦略性

2種類の商品群でABテスト
個別二次元コードで行動把握も

ECサイトを入口とした顧客のリピート率が低いという課題があったことから、初回購入商品であるほたてをフックに、メルマガでは響かない顧客層に向けDMでアプローチ。二次元バーコードや電話注文へと誘導しEC顧客から高い反応率を記録した。

・マーケティング方針

EC顧客のなかでも購入率の高いほたてを模したDMを制作。ほたてと別商品のセットを勧める「A案」と、ほたてと別商品を単品で勧める「B案」でABテストを行い、それぞれの反応率を比較した。結果、「A案」の方が高いレスポンスを記録したという。

・販促企画

既存DMは、担当者の采配と旬の商品で構成されていたが、今回は購買データ上からピックアップした商品をランキングにして紹介。EC注文の場合は割引特典を設け二次元バーコードからECサイトへと誘導。個別の二次元コードを用意することでEC上での動きを解析できるよう工夫した。

・ターゲティング／リスティング

年1回、ECでほたてを購入した人。通年実施しているDMやメルマガ、アウトコールでは反応のない単価が低い顧客。

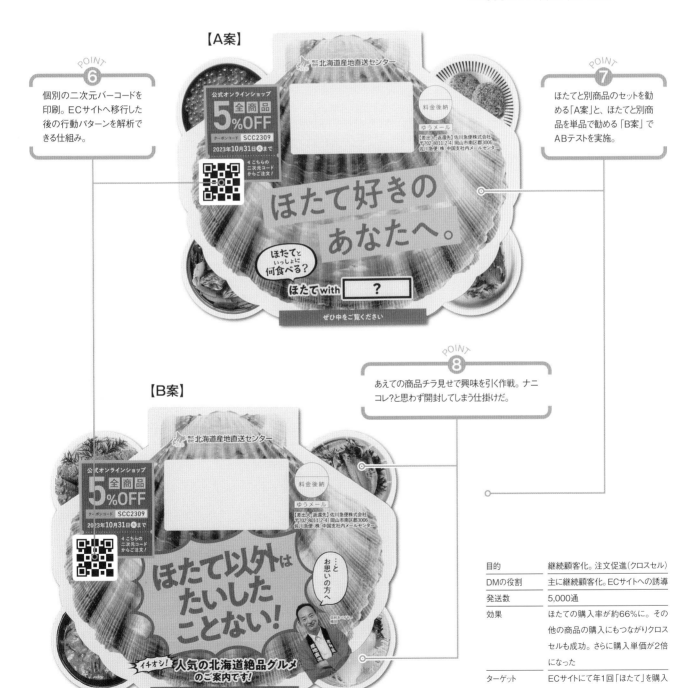

【A案】

POINT 6
個別の二次元バーコードを印刷。ECサイトへ移行した後の行動パターンを解析できる仕組み。

POINT 7
ほたてと別商品のセットを勧める「A案」と、ほたてと別商品を単品で勧める「B案」でABテストを実施。

POINT 8
あえての商品チラ見せで興味を引く作戦。ナニコレ?と思わず開封してしまう仕掛けだ。

【B案】

目的	継続顧客化。注文促進（クロスセル）
DMの役割	主に継続顧客化。ECサイトへの誘導
発送数	5,000通
効果	ほたての購入率が約66％に。その他の商品の購入にもつながりクロスセルも成功。さらに購入単価が2倍になった
ターゲット	ECサイトにて年1回「ほたて」を購入している顧客。DMやアウトコールでは反応がない低単価の顧客

DM施策の全体図〔ほたてDM〕

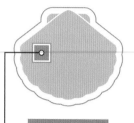

A案
ほたてと別商品の
セット購入を推奨

B案
単品購入を推奨

電話または
ECサイト

過去にほたてを
購入した顧客に
A案またはB案のDMを送付。

アウトコールまたは
ECサイトへの誘導で購入を促す。
個別の二次元バーコードを
発行することで、
ECサイト内の行動を把握。
今後の施策に生かす。

シズル感たっぷりの写真で訴求
商品をチラ見せして興味喚起

　従来のA4のパンフレット型DMに代わり、今回はインパクト重視の「ほたて」を型抜きしたデザインを採用。「ほたて好きの人に伝わるコミュニケーション」をコンセプトに、より目につくDMに改良したことで、アウトコールの際にスタッフが「ほたて、届きましたか？」と聞くだけで顧客が理解できるため、自然な会話の流れを生むことにも成功した。

　主にシズル感のある写真を大きく使用し、コピーは端的に内容を伝えて食欲をそそるように構成した。また、表紙の「ほたて」から、カニやイクラ、コロッケなどの"推し"商品をチラ見せさせることで興味を引き、開封を促す作戦をとった。

　DMにおいて費用対効果はマストだが、今回は思い切った施策で楽しさを追求。「面白いものが届く通販会社」という認知と、顧客の動向を探ることを第一とし、商品ラインナップなどの向上につなげるために、よりインパクトあるデザインを目指した。今回はほたて型デザインを採用したが、今後は新しいクリエイティブにも挑戦したいという。

実施効果

EC顧客との接点として
アナログDMの有効性を確認

　DM＋アウトコール＋ECの相乗効果で、昨年最高時のレスポンス率3.1％から5.6％へと

POINT **9**

シズル感たっぷり。コピーは端的にし、DMを眺めているだけで食欲が湧く写真を大胆に配置。

【A案】

【B案】

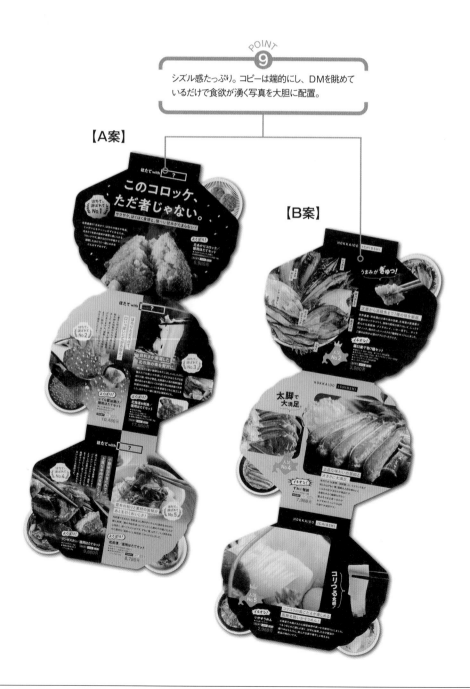

アップし顧客単価が2倍以上になる成果が出た。中でもECサイトでの売上が顕著で、ほたてのリピート購入率は約66%に。あらかじめ顧客のもとに印象的なDMを届けることで、アウトバウンドのクロスセルが行いやすくなり、売上向上にも寄与した。

さらに今回最も大きかった成果として、EC注文が初めてコール注文を超えたことが挙げられる。さらに二次元バーコードを個別に用意することでDMからECサイト流入時の行動パターンを解析できるようになった。離脱のタイミングやページビュー数など、EC

上の動向を探ることで今後の商品選定などに活用でき、DMとの改善サイクルをつくることで、よりDX精度を上げていく。従来はメルマガやWebマーケティングで検討していたものを、DMから入りEC上のルートを探るという画期的な試みとなった。

同社では、今後も二次元コードから顧客動向を追いかける施策を続けるとともに、Webアクセス率と購買率の差を埋め「アナログとデジタルの有機的な活用を極めていきたい」としている。

審査会の評価点

戦略性	/	★ ★ ★ ★ ★
クリエイティブ	/	★ ★ ★ ★ ★
実施効果	/	★ ★ ★ ★ ★

審査委員講評

切り抜かれた紙は強い、ということを今回改めて思い知らされました。目の前に置かれた瞬間0.01秒でガツンとすべてが伝わってきて、次の瞬間にはもう北海道の海産物が食べたくなっていました。ユーモアたっぷりのコピーも秀逸です。
岡本欣也

もらえる商品がひと目で分かるDMは多いですが、ビンゴで自分が対象になるのかのドキドキ感がたまりません。あと〇個買えば絶品グルメがもらえる=元が（も）取れる=お得という購買心理もうまく突いていて圧巻でした。　上島千鶴

まずは、見た目のインパクトがすごい。とてもわかりやすいコミュニケーション。また、届いたDMで楽しめるビンゴの仕組みが売上点数をアップさせるCRM施策につながっていて素晴らしいです。感謝というタイトルのDMの中には担当スタッフの方のメッセージが書いてあり、企業の顧客に対する想いが伝わる作品です。非常によく考えられていて、実際に結果につながっている素晴らしい活動だと思います。
宮野淳子

POINT ⑩
シズルとコピーで、ほたて好きの顧客へ訴求。

濃厚な甘みがクセになる！

大粒、肉厚、ぷりっぷり。

POINT ⑪
一緒に頼めばなお"おいしい"。人気食材×ほたてを見やすくランキングで紹介。セットにすることで顧客単価を上げる狙い。

ほたて with ？
このコロッケ、ただ者じゃない。
サクサク、ほくほく食感と、強～い甘みがたまらない！

・ DM診断 ・

ここが秀逸！

2作品のどちらも審査委員の評価が非常に高く、まとめての受賞となった。まず、ほたて型DMは、切り抜きで開封につながるインパクトがある。しかし、見た目だけではなくきちんと考え抜かれていて、宛名面からオファーを出し、中面のクリエイティブも手堅い。また、訴求内容を変えてABテストを実施するなど、戦略やプログラムの設計も良い。一方、ビンゴDMは、顧客一人ひとりの過去の購買データを分析した上で、他の商品を買うとビンゴになりやすいようにマスの並びをパーソナライズして、クロスセルを促している。非常に戦略性が高く、成果にもつながっており、DMにおけるデータ活用では今年一番の新機軸と言える。

ブランドへの想いと感謝を伝えるDMで顧客とのエンゲージメントを強固に

ブランド40周年・エンゲージメントDM

» 広告主　アシックスジャパン
» 制作者　富士フイルムビジネスイノベーションジャパン、フュージョン

staff　Adv 髙岡 理世　CD 富田 舞　Dir 吉川 景博　データアナリスト 森村 貴志、豊田 佳子、齋藤 敦　AE 池田 歩

POINT 1
店頭やWeb広告で展開している40周年キービジュアルをあしらうことで、顧客が各接点で連続的に認識し、ブランドとのつながりを強めていけるようにした。

POINT 2
優良顧客向け冊子DMは、到着時に目を引く正方形の封筒を使用。

POINT 3
アシックスウォーキング創設時のエピソードを伝える。

左から、富士フイルムビジネスイノベーションジャパンの池田歩氏、アシックス商事の髙岡 理世氏、富士フイルムビジネスイノベーションジャパンの森村 貴志氏

DM施策の全体図

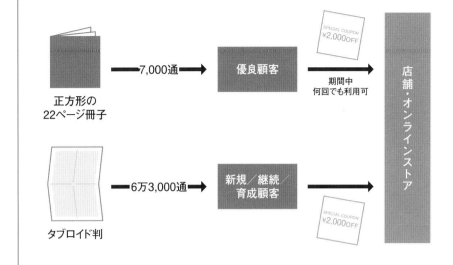

「アシックスウォーキング」ブランドの40年間の歩みと、開発に至った想い、ブランドに込めた「想い」を伝え、ブランド価値の向上を図った。発送直後から反応が良く、ロイヤル顧客層は約41.2%が商品を購入、その他の顧客層も通常DMよりも高い反応となった。

戦略性

40周年を迎えたことへの感謝とブランドに込めた想いを伝える

　ブランド40周年を記念して、顧客への感謝の気持ちとブランドに込めた「想い」を伝え、顧客とのさらなるエンゲージメント強化を目指した。具体的には、アシックスウォーキングの開発に至った想いと40年の歩み、そしてこれからについての想いを盛り込んだ。

　送付先は「優良顧客」と「新規／継続／育成顧客」を設定し、優良顧客へは冊子、そのほかの顧客へはタブロイド判のDMをそれぞれ送付した。

・マーケティング方針

　①優良顧客にはブランドへのロイヤリティをさらに深めてもらう。②新規／継続／育成顧客には、ブランド理解を深めてもらい、優良顧客化を促進させる。③離反顧客には、現役顧客への復帰を促す。

・販促企画

　DM送付者全員に、直営店やオンラインストアで使える2,000円オフのクーポンを同梱した。特に優良顧客には、期間中何度でも使えるスペシャルクーポンを送付し、特別感を演出した。

・ターゲティング／リスティング

　顧客を①初回購入日②累計購入金額③直近1年間での購入履歴、の3軸でセグメントし、優良顧客と、新規／継続／育成顧客に分けて、DMを送付した。

　DM送付数は、優良顧客7,000通、そのほかの顧客6万3,000通である。

クリエイティブ

上質さと情報量を両立させた冊子とタブロイド判を制作

　今回の40周年記念では、形状を冊子やタブロイド判にして、クリエイティブ面からも顧客とのつながりがより強まるような工夫をした。

　冊子の判型は15cm角のスタイリッシュな正方形で、誌面デザインだけでなく紙質などにもこだわり、上質な雰囲気に仕上げた。

　内容は、創業者の想い、商品開発への情熱、モノづくりへのこだわり、初期から最新モデルの商品紹介、歩く楽しみとこれからを想起させるコミュニケーションなど多彩な記事を掲載し、ブランドの価値を伝えた。

　一方、タブロイド判にも冊子の内容を凝縮したコンテンツを掲載し、ブランドの想いを伝えた。

　同梱クーポンには店舗検索ができる二次元

バーコードを記載し、店頭やオンラインストアでの購入も促した。

　冊子、タブロイド判ともに、掲載記事はWebで展開している「ASICS WALKING JOURNAL」のコンテンツから再構成したものだ。各記事にはバーコードを付け、「ASICS WALKING」への動線も確保した。

かけに、スタッフと顧客との会話が弾んだ。

　優良顧客の反応は非常に高く、発送から4カ月ほど経過した時点で、オンラインと店舗を合わせ約41.2%が商品を購入した。期間中、何度でも使えるクーポンにしたことで複数回の購入にもつながった。優良顧客以外も、約5.7%と高い反応となった。

多くの顧客がDM持参で来店 複数回購入するケースも

　DMを送付した直後から反応が良く、DMを持参して店頭に足を運ぶ顧客が全国で多くみられた。店頭ではDMの記載内容をきっ

POINT 5
優良顧客には期間中何度でも使える、2,000円オフのスペシャルクーポンを提供し、特別感を演出した。

POINT 4
DM掲載の記事は、Webで展開している「ASICS WALKING JOURNAL」のコンテンツを活用した。記事にはバーコードを付け、Webに誘導した。

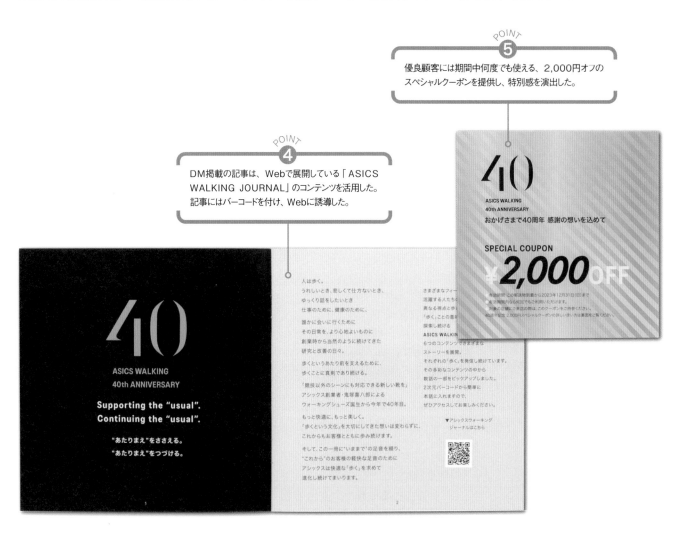

さらにDMからWebへのアクセス率も2.9%と、通常DMに比べ高い数値となった。

「今回のDMでは自分は上質なシューズを選んで購入したんだというブランドに対する信頼感や充足感を顧客に改めて思い出していただく効果があったと考えています」(富士フイルムビジネスイノベーションジャパン 池田歩氏)

「40周年のタイミングで、改めてブランドに込めた想い、モノづくりへのこだわりなど伝えることができ、顧客とより関係性が築けたのではないかと思います。商品をご愛用いただいているお客様に感謝申し上げます」(アシックス商事 髙岡理世氏)

POINT
⑥

「新規／継続／育成顧客」向けのタブロイド判DM。冊子DMの厳選したコンテンツを使用し制作した。

審査会の評価点

戦略性	／ ★ ★ ★ ★ ☆
クリエイティブ	／ ★ ★ ★ ★ ★
実施効果	／ ★ ★ ★ ★ ★

審査委員講評

企業の想い、商品力、寄り添うサービスを実感していただくカタログ形式のDMで、今後のDMの可能性を感じられる素晴らしい作品でした。よく考えられている構成、美しい画像、内容など時間をかけて丁寧に取り組まれたことがよくわかりました。受け取られた方にもその想いが届いていることと思います。

宮野淳子

今回初めて審査に参加した身としては、アシックスDMに出合えたことがいちばんの幸福でした。DMという枠組みの中でこれほど豊かで、誠実で、美しくもあるクリエイティブが存在するとは。コピーも一行一行に血が通っています。

岡本欣也

周年の機を捉えて、「歩く」をテーマに取り上げてコミュニケーション。企業の思いが伝わる読み物とすることで共感を喚起しつつ、おもてなし感のあるクーポンを同封して、店頭やWebへつなぐことに成功しています。

明石智子

・DM診断・

ここが秀逸!

ブランドの周年にちなんだロイヤリティ系プログラムとして、将来に向けた顧客との関係構築を図っている。基本的なコンセプトは統一されているが、離反も含む優良顧客と通常のリピーターというターゲット別に、クリエイティブとオファーを出し分け、コストも含めて体裁を変えた。ロイヤリティ系DMとして遜色ない効果もあり、戦略性とクリエイティブと効果がバランス良く評価されたことで、今回の受賞につながった。

これまで機種変更に動かなかった
ユーザー層の行動喚起に成功

シニアの解約を阻止!
簡単申込書で従来比UPの申込

≫ 広告主　ソフトバンク
≫ 制作者　TOPPAN

staff　Adv 杉原 渚、森田 薫　CD 白石 幸世　AD 金子 浩己　AE 平沢 美紀

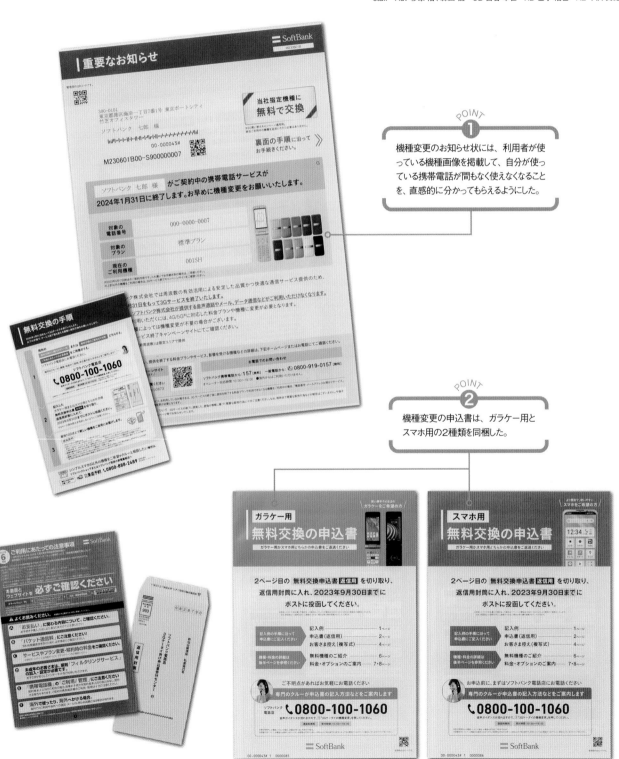

POINT ①
機種変更のお知らせ状には、利用者が使っている機種画像を掲載して、自分が使っている携帯電話が間もなく使えなくなることを、直感的に分かってもらえるようにした。

POINT ②
機種変更の申込書は、ガラケー用とスマホ用の2種類を同梱した。

前列左から、ソフトバンクの豊田 莉央氏、森田 薫氏、杉原 渚氏、後列左から、阿部 桃子氏、小森谷 嘉明氏、中﨑 典尉氏

DM施策の全体図

2023年	6月末	「超簡単申込書」を同封した封書を未申込者に送付
	↓	
	8月上旬	リマインドのためのハガキを送付 9月に申込締切であることを強調
	↓	
	9月30日	申込締切
	↓	
2024年	1月31日	3Gサービス終了

※令和6年能登半島地震の影響で、3Gサービスの終了日を2024年4月15日に延期した。

4Gまたは5G対応機種へなかなか変更してくれない3G携帯電話ユーザーに向けて、これまでのDM施策から得られた知見をもとに、徹底的に工夫したDMを作成し送付した。申込書返送による機種変更率は従来の申込率を大きく超える結果となった。

目的	3Gから4Gまたは5G機種への変更
DMの役割	上位商品への買い換え促進
発送数	非公開
効果	申込書返送期限である2023年9月30日時点、申込書返送による機種変更率は従来の申込率を大きく超える結果となった
ターゲット	3G携帯電話ユーザー

戦略性

3Gサービス終了は目前
期限前倒しで機種変更を促す

3G携帯電話ユーザーに向けて、3Gサービスの終了前に4Gまたは5G対応機種へ変更してもらうよう、数年にわたってDMで伝えていた。

しかし「サービスが終わるまでに機種変更すればいいんでしょ」と、気長に構えて行動しないユーザーが多く、いかに早く動いてもらうかが課題だった。

・マーケティング方針

①3G携帯ユーザーの多くはシニア層であるため、シニア層にも抵抗がないよう、申込書はごく簡単な記入で済むように徹底的に工夫した。②3Gサービスの終了日（2024年1月31日）直前は混み合うため、前もって機種変更してもらえるよう、申込書の返送期限をサービス終了日よりも大きく前倒して区切った。③申込書の返送だけでなく、ショップへの来店も促進させ、3Gユーザー全体の機種変更前倒しを促した。

・販促企画

4Gまたは5G対応のガラケーおよびスマホへの機種変更を促した。一部の契約終了の対象となる顧客にソフトバンク指定機種への無料交換を行った。

・ターゲティング／リスティング

3G携帯電話ユーザーに送付した。

クリエイティブ

書類の記入はチェックと署名のみに
シニア層の負担感を極力減らす

シニア層にも申し込み用紙への記入が「簡単にできそう」と思ってもらえるよう、DM全体の記載内容やレイアウトなどを徹底的に工夫した。

機種変更のお知らせ状には、利用者が使っている機種の画像を載せて、いまの携帯電話が間もなく使えなくなることを、直感的に分かってもらえるようにした。

申込書には契約者の住所、電話番号、といった文字情報はすでに印字し、申込者が書く項目は、チェック欄へのチェック記入と、手続きにかかる同意のための署名のみを必須とし、シニア層でも負担なくできるよう簡略化を図った。

「DMの文言やデザインなどは、シニア向け雑誌の誌面も参考にしました」（杉原渚氏）

基礎情報

☑ **企業概要**
（主な商品、サービス、ビジネス内容）
移動通信サービスの提供、情報端末の販売、固定通信サービスの提供、インターネット接続サービスの提供

☑ **主なターゲット顧客層**
オールターゲット

☑ **ダイレクトマーケティングツールの**
活用状況
テレビCM、デジタル、SMS、DMなどあらゆるメディアをターゲットと目的に応じて使い分けている

なぜDMを使用したのか
きめ細かいターゲティングができ、効果検証やDMを送付しなかった場合との差などを明確な数字で把握できるため。

申込者が保管する控え用紙には、これまで以上に大きく「控え」の文字を印刷した。紙質も厚くして、薄い申込書とは違うことを感覚的に分かってもらい、誤って返送しないようにした。

「DM制作チームのメンバー同士で内容をチェックしあって、メンバーの客観的な意見を取り入れながらDMを完成させていきました」(中崎典尉氏)

実施効果

リマインドハガキも奏功 機種変更率UP

DM発送から1カ月後、リマインドのハガキを送付した。

「リマインドハガキは、利用者の家族の実家への帰省が多くなるタイミングで送りました。家族から、携帯がつながらなくなるから機種変更したほうがいいと、アクションを促してもらうのも主な狙いでした」(森田薫氏)

狙いどおり、お盆後は申込書の返送、店舗での契約ともに大きく増えた。申込書の返送期限である2023年9月30日時点で、機種変更率は従来を大きく超える結果となった。

「これまでDMを送付しながらABテストを重ね、どういうトーン&マナーや文言が相手に響くのかなど、効果に結びつくノウハウや知見を数値化して蓄積しています。こうした数字をもとにDMを制作したことも、今回の成功につながったと考えています」(小森谷嘉明氏)

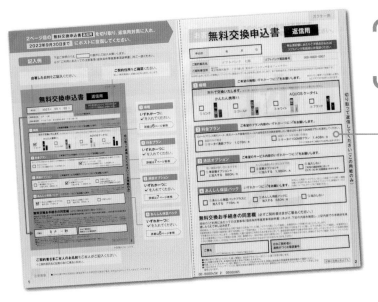

POINT 3
申込者が記入する項目はチェック欄と、手続き同意のための署名だけを必須として、徹底的に簡略化した。

POINT 4
申込者が保管する控え用紙には、これまで以上に大きく「控え」の文字を印字し、用紙も厚くした。返信が必要な申込書と、控え用紙の紙の厚みを変えることで、両者の違いを感覚的に分かってもらい、控え用紙を誤って返送しないようにした。

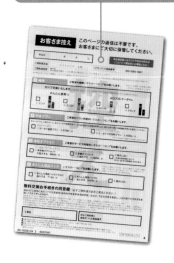

POINT 5
アンケートで得られたスマホの人気ポイントも載せ、スマホへの機種変更の動機付けを行った。

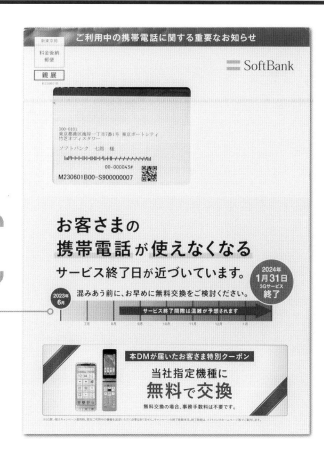

封筒にも、サービス終了が近づいていることを視覚的に表現した。

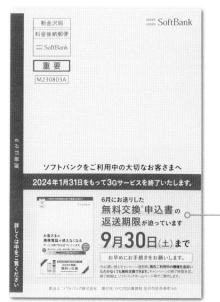

POINT
7

DMの1カ月後に、リマインドハガキを送付。利用者の家族の実家への帰省が多くなるタイミングに合わせた。

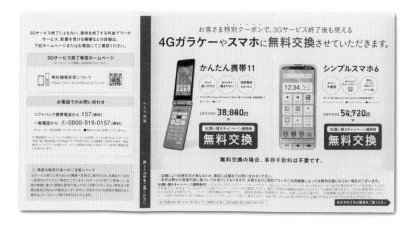

審査会の評価点

戦略性	/	★ ★ ★ ★ ☆
クリエイティブ	/	★ ★ ★ ★ ☆
実施効果	/	★ ★ ★ ★ ★

審査委員講評

これまでの申し込みの離脱点を検証した上で、交換手順の紹介、記入例、文字の大きさなどをきめ細かく改善し、シニア層への分かりやすさを追求した点が秀逸です。家族が集うお盆時期のフォローも効果を後押ししています。

明石智子

何をしても動かないシニア岩盤層はキャリアに限らず存在します。きめ細やかな告知や対応、家族や親戚が集まるお盆の時期に合わせた計算されたタイミング、読みやすい文章や申込書の見直しなど「神は細部に宿る」好例です。

上島千鶴

4G端末への切替DMの申込締切日を明確に設定することで、3G停波の半年前に30%の切替を前倒しでできた点を評価したい。DM自体も「締切日」「無料切替」を分かりやすく伝え、締切前のリマインドハガキも効果的。

椎名昌彦

・ DM診断 ・

ここが秀逸!

同社は2Gから3Gへの移行などの際にも同様のDMを実施した経験があることから、今回の内容もしっかりと手堅く構成されている。パッと目に入る無料交換というキーワードや、自分のものだとすぐに分かるようパーソナライズされた機種のビジュアルといったポイントはもちろん、ガラケーが使えなくなることや交換のスケジュール、手続きが簡単であることなども簡潔で分かりやすい。また、封筒面でも伝えたいメッセージがすべて語られており、押さえるべきポイントが網羅されたDMだといえる。

RPG風の冊子で館内を大冒険
3世代で長く楽しめるDMに

夏のハワイの大冒険

≫ 広告主　常磐興産（スパリゾートハワイアンズ）
≫ 制作者　シスク

staff　Adv 他力 桃子　CD／AD 土澤 弓貴

POINT 1

封筒は宝箱をイメージしたデザインで、DMを受け取った瞬間からワクワク感を演出。

POINT 2

昨年同様、冊子は書き込める仕様にして、自分だけの冒険の記録を作成できるように。子どもが2人以上いる家族には追加で冊子を配布したことで、きょうだいがそれぞれにレベルアップを楽しんだ。

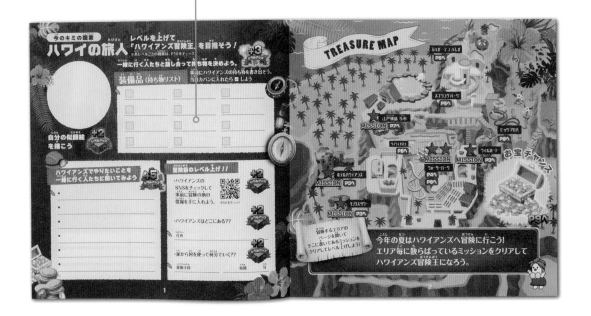

常磐興産 スパリゾートハワイアンズの他力 桃子氏

DM施策の全体図

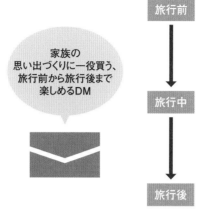

家族の
思い出づくりに一役買う、
旅行前から旅行後まで
楽しめるDM

旅行前	家族で「冒険」の計画を立てる。DMの冊子で館内の施設を調べたり、持ち物リストに記入をする。
旅行中	冊子を片手に館内を周遊。スペシャルミッション(クイズ)に答えたり、旅の記録をする。
旅行後	写真を貼って旅の記念に。また、秋や冬の再訪時に使ってもらうことにも期待。

同じく金賞を受賞した昨年から、さらに進化させたDMを展開。旅行前から旅行後まで楽しめて、思い出として手元に残せることに加え、盛りだくさんな仕掛けで2回、3回と使ってもらえる工夫を行った。昨年に続き、売上予算も達成した。

目的	主に継続顧客化
DMの役割	注文促進・休眠顧客の活性化
発送数	8万通
効果	宿泊の申込件数は1,600件で、レスポンス率は2％。売上予算を達成した
ターゲット	3世代ファミリー(リピーター・首都圏中心)

戦略性

成果があった昨年を踏襲しつつ
さらなる工夫で高みを目指す

福島県いわき市の複合リゾート施設「スパリゾートハワイアンズ」を運営する常磐興産は、毎月リピーターに向けてハガキサイズのDMを送付しているが、コロナ禍で集客が伸び悩んだ2021年からは夏休み前のみ特大号として予算を掛け、封書でファミリー向けに趣向を凝らしたDMを送付している。

同社は昨年も夏休み特大号で金賞を受賞。旅行前から旅行後まで楽しめ、思い出としても手元に残せる仕掛けになっていることなどが高く評価された。今年もそうした仕掛けは踏襲しながらも、夏休みの1回だけでなく、冬休みや春休みにも持参して訪れてもらうなど、2回以上楽しんでもらえるDMを目指した。

・マーケティング方針

2年前から毎年発行している夏休み特大号を通して、「夏になるとハワイアンズから少し変わったDMが届く」と思ってもらい、「夏休み＝ハワイアンズ」というイメージを意識づける。

・販促企画

DM限定料金として、7～8月の宿泊プランを提案。もともと来客の多い時期であるた

め、他の月に比べて価格訴求は弱めだが、DMを通して今まで知らなかったハワイアンズの一面を知ってもらえるようにと考えた。

・ターゲティング／リスティング

3世代ファミリーのリピーター。首都圏が中心。

クリエイティブ

RPGのように館内を冒険
次の宿泊機会にも使える内容に

スパリゾートハワイアンズの施設は広く、1日で館内の全ての場所を回ったり、全てのショーやアトラクションを体験したりすることは難しい。そこで、今まで知らなかったハワイアンズの一面を知ってもらいたいと考え、RPGのようなイメージで、一つひとつのミッションをクリアしながら館内を冒険してもらえるDMを制作した。

DMを受け取った瞬間からワクワクしてもらえるよう、封筒は宝箱のようなデザインに。中には「夏のハワイの大冒険」と題した冊子を封入し、そこに施設のあらゆる場所やモノ、コトを対象に設定したミッションを記載した。さらに、家族を「パーティー」、持ち物を「装備品」などに言い換えて、RPGの世界観をつくり込んだ。

基礎情報

☑ 企業概要
（主な商品、サービス、ビジネス内容）
レジャー施設をコア事業として展開

☑ 主なターゲット顧客層
長期休暇や休日はファミリー層、平日はシニア層がメイン

☑ ダイレクトマーケティングツールの活用状況
従来からリピーター向けにDMを活用

なぜDMを使用したのか
メルマガやウェブサイトなどの多媒体にはない、DMの良さを生かした体験を提供するため。

ミッションをクリアするとレベルが上がっていくが、最もレベルの高い職業である「ハワイアンズ冒険王」になるには、かなり効率良く施設を回らなければならない。そのように盛りだくさんな内容にすることで、夏休み1回だけでなく、春休みや冬休みなど複数回この冊子を持ってハワイアンズを訪れてもらいたいと考えたという。

また、冊子にはハワイアンズの豆知識も記載し、大人にも面白いと思ってもらえる内容にするとともに、冊子として取っておく価値を上げるよう意識した。一方で、宿泊プランの料金情報は別紙で封入することで、旅行後は冊子と思い出のみを手元に残してもらえるようにした。

実施効果

売上予算を達成
冬休みにも冊子を持って来訪

昨年に続き、売上予算を達成。SNSでは、DMの着宅時に「今年の夏も変わったDMが来た」といった投稿が見られ、夏休み特大号の目標の一つである、「夏休み＝ハワイアンズ」という意識づけが成功していることを実感したという。

来館した人からは、「きょうだいで冊子の取り合いになった」という話が聞かれたことから、冊子の予備をフロントに用意し、2人以上のきょうだいがいる家族に追加で配布。予想以上に早く冊子がなくなっていき、途中で補充する必要が生まれるほどに好評だった。

「夏休みなどの長期休暇は、アニメなどのコンテンツと組んで館内スタンプラリーなどのイベントを実施するのですが、今回の施策を通して、ハワイアンズがすでに持っているコンテンツだけでもこれだけ豊かなエンタメ性があるということを示せたのではないかと思います」（他力桃子氏）

冊子には2回以上使ってほしいとの思いを込めたが、まさに冬休みに来館した人が冊子を取り出す様子があったという。「夏に来館できなくても、いつでも使っていただけるものなので、継続的な効果が期待できると考えています。宿泊プランなどの情報はSNSなどで発信できるので、DMではこれからも体験型の施策を展開していきたいと思っています」（他力氏）

POINT

3
スペシャルミッションとして、クイズも用意した。館内の1箇所に設置されたパネルを探し、そこに書かれたパスワードを入手すると、問題を出題する動画が見られる。問題は「昭和時代のハワイアンズの名前」とし、3世代で話せるよう工夫した。

POINT 4

各ページには、スタッフでなければ知らないような豆知識を
記載。大人が読んでも面白い内容を目指した。

POINT 5

料金情報は別紙に。予約が終われば
捨ててもらえるようにした。

審査会の評価点

戦略性 ／ ★ ★ ★ ★ ☆
クリエイティブ ／ ★ ★ ★ ★ ★
実施効果 ／ ★ ★ ★ ☆ ☆

審査委員講評

夏休みの恒例となりつつあるDMであるにもかかわらず飽きさせることなく、つねに驚きや発見を用意し続けるのは大変です。本作品は、担当の方々も楽しんでつくられたのかもしれません。楽しく進めた仕事は、消費者を魅了しそうです。　　　　　　　　　　　　音部大輔

毎年コンセプトは同じだが、切り口は毎年変えてきており、私がいま一番評価しているレギュラー広告主であります!実際のターゲットである子どもが親に「行きたい!」と言わせるようなDMです!まさに"遊ばせる・記入させる・保存させる"DMの強みを生かした王道パターン!
　　　　　　　　　　　　　　加藤公一レオ

スパリゾートハワイアンズに行く前、行っている最中、行った後に楽しむことができる。また、家族で行った思い出にアルバムとして記念に取っておけるものになっていて、DMの価値として素晴らしい作品でした。顧客の体験に入り込む設計と、毎年継続的に取り組まれている活動により、ブランドエンゲージメントを向上させる重要な役割を担っているDMだと思います。
　　　　　　　　　　　　　　宮野淳子

・ DM診断 ・

ここが秀逸!

昨年の受賞作がさらにバージョンアップした。切り口は昨年と同じだが、アトラクションごとの説明がきちんと入るなど、読み物としてのレベルが上がり、魅力的な冊子になっている。また、顧客が日記のように記入して楽しめる部分も非常に充実しており、ツールとして非常にレベルが高い。レスポンス率は2%と一見ふるわないようにも思われるが、過去の来場者をターゲットに8万通と大量に送付した中から、期間中に2%が来場したと考えれば、そこそこの反響があったといえる。家族で来場するため、CPAも良好だ。

顧客基点のDMで買い替えニーズを訴求
継続顧客の維持に成果

あなたの愛用シューズに合わせた
パーソナライズDM

» 広告主　アシックスジャパン
» 制作者　富士フイルムビジネスイノベーションジャパン

staff　Adv 高岡 理世　PI 豊田 佳子　Dir 森村 貴志　データアナリスト 齋藤 敦　AE 池田 歩

POINT 1
シナリオごとに利用シーンを想起させる
イメージを掲載し、自分ごと化を図った。

ランウォークの
履き心地はいかがですか?
RUNWALK COLLECTIONを
お買い上げいただいてから1年が経とうとしております。
快適な履き心地を日々ご実感されていることと思います。
その心地よさをもっとお楽しみいただける
耳寄りな情報とスペシャル特典をご用意しました。

RUNWALK
COLLECTION

asics WALKING

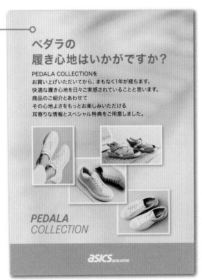

ペダラの
履き心地はいかがですか?
PEDALA COLLECTIONを
お買い上げいただいてから、まもなく1年が経ちます。
快適な履き心地を日々ご実感されていることと思います。
商品のご紹介とあわせて
その心地よさをもっとお楽しみいただける
耳寄りな情報とスペシャル特典をご用意しました。

PEDALA
COLLECTION

asics WALKING

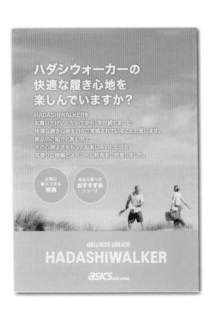

ハダシウォーカーの
快適な履き心地を
楽しんでいますか?
HADASHIWALKERを
お買い上げいただいてから1年が経ちました。
快適な履き心地を日々ご実感されていることと思います。
商品のご紹介とあわせて
その心地よさをもっとお楽しみいただける
耳寄りな情報とスペシャル特典をご用意しました。

WELLNESS WALKER
HADASHIWALKER
asics WALKING

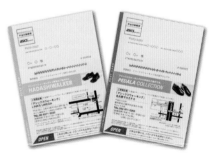

戦略性

購入履歴からパーソナライズし
おすすめ商品への買い替えを訴求

　継続顧客の維持と離反防止のために、顧客との中長期的な関係性強化を目指して、今回のDMを企画した。DMでは、企業の販売サイクルを基点としたコミュニケーションが多く、パーソナライズ化された顧客視点でのコミュニケーションができていないことを課題に感じていた。そこで、顧客データを活用し、顧客が愛用しているシューズを基点としたシナリオを2つ設計した。1つは、定番シューズの購入者で、最終購入日からデータを基に設定した期間購入のない人をターゲットに、定番商品の買い替えニーズを訴求す

るもの。もう1つは、女性かつ複数回の購入履歴がある育成顧客で、最終購入日からデータをもとに設定した期間購入のない人をターゲットに、足にフィットする靴の買い替えニーズを訴求。こちらは一人ひとりの購入シューズに合わせて、シーズン商品の中からおすすめ商品をパーソナライズして提示した。

クリエイティブ

顧客基点であることを伝え
パーソナライズしたおすすめを提示

　コピーでは「ご愛顧いただいていることへのお礼」を大きく打ち出し、購入からの時間経過も説明することで、顧客基点のDMであることを伝えた。

　おすすめ商品は、過去の購入商品に応じてパーソナライズ化し、可変で印刷。足にフィットする靴の買い替えニーズを訴求するシナリオにおいては、女性向けの商品の種類が豊富であることから、靴種やウイズ(足囲サイズ)の中で商品のおすすめロジックを作成した。

　ほかに、DMには修理サービスの情報や、足形計測コンテンツの情報なども掲載し、顧客との関係性の強化を図った。

実施効果

離反しがちな育成層に好感触
購入者の半数が掲載シューズを購入

　季節ごとに商品アセットからおすすめ商品

左から、富士フイルムビジネスイノベーションジャパンの池田 歩氏、アシックス商事の髙岡 理世氏、富士フイルムビジネスイノベーションジャパンの森村 貴志氏

目的	注文促進（クロスセル）／顧客コミュニケーション／ロイヤル顧客化
DMの役割	主に継続顧客化
発送数	1,442通
効果	レスポンス率（注文件数）6.17%
他媒体との連携	Webサイト
ターゲット	過去のシューズ購入者で、購入から一定期間が空いた人

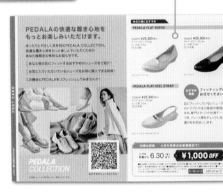

POINT
2
掲載商品は、過去の購入履歴に応じてパーソナライズ化した。

基礎情報

☑ **企業概要**
（主な商品、サービス、ビジネス内容）
シューズの製造や販売

☑ **ダイレクトマーケティングツールの活用状況**
継続的に活用

> **なぜDMを使用したのか**
> DMは、住所をもとに送付できる確実性がある。また、手元に残るリアルな販促物でメッセージを届けられるため、顧客とのつながりを感じられることも魅力だと考えている。

を選定し、在庫確認を行ってからDMへの掲載商品を決めるため、関係各所との調整に苦労したが、どちらのシナリオでも購入者の50％近くがDM掲載シューズを購入し、課題であった継続顧客の維持に成果が見られた。特に離反しがちな育成層の反応率が高く、有効なコミュニケーションであることが分かった。

費用対効果も、定番商品の買い替え訴求は1,098％、足にフィットする靴の買い替え訴求は802％とどちらも高かったため、今後は顧客視点のDMも引き続き実施したいと考えている。

審査会の評価点

戦略性	/	★★★★★
クリエイティブ	/	★★★☆☆
実施効果	/	★★★★☆

審査委員講評

DMだけで購入意向が確立されるものというよりは、マーケティング活動全体の中での役割が明確に意識されているようです。すでに購入経験のあるユーザーに対して、機能的な側面を分かりやすく説明し、Webページへの誘導を企図する知覚刺激です。　　音部大輔

> **・ DM診断 ・**
>
> **ここが秀逸!**
> 買い替えを促す商品ラインナップごとに、丁寧にパーソナライズしている。特に注目すべきは、二次元バーコードのパーソナライズだ。顧客側がDMで送られてきた二次元コードからWebへアクセスすると、企業側で誰のアクセスがあったかを把握できるようになっている。DMはアナログメディアゆえに顧客の反応が見えにくいが、二次元コードを使えばユニークユーザーごとのアクセス状況がリアルタイムで可視化できる。こうした手法は、今後増えていくだろう。

パン型に切り抜き、ひと目でわかるDMに
サンプル請求から13件の成約を獲得

目標比330%!
課題を"パンっ"と解決したパンDM

》広告主　オリエンタルベーカリー
》制作者　ガリバー、インフォバーン

staff　Adv 和田 督也、水本 幸代、藤田 恵　D 小林 佐紀　PI 逢澤 彩織　Dir 小沼 奈央、光野 静　AE 杉浦 由里子、井上 大輔

POINT 1
パンの形に型抜きし、忙しい相手にもひと目でパンのDMが届いたと伝わるようにした。

戦略性

DMの形にインパクトを持たせ
忙しい業務の中でも伝わりやすく

関東圏に販路を広げたいと考えてWeb広告を実施していたが、成約に至る案件の85%が関西圏で、成果が出ていなかった。そこで、「関東圏ではニーズが顕在化しないと検索しないため、Web広告で露出できないのではないか」という仮説を立て、ニーズに気付いてもらうためにDMを活用した。

忙しい業務の中でもひと目でパンのDMが届いたと伝わるよう、DMの形にインパクトを持たせた。ターゲットは、①外食企業とホテル、②介護福祉施設と幼稚園・保育園の大きく2つに分け、それぞれに合った課題とパンを関連させた解決策を記載して送付した。

サンプルは無料にして申し込みのハードルを下げることで、ニーズが顕在化しているかどうかにかかわらず、返信しやすくした。それによって、今回のDMで成約できなかったとしても、見込み顧客として、継続的にアプローチできるようにすることを狙った。

クリエイティブ

商品の掲載は最小限にとどめ
サンプル請求から提案へ誘導

DMは、パンの形に型抜きし、インパクトと分かりやすさを演出した。

紙面には、コストの増加や人手不足、業務の効率化など、パンを提供する施設が直面

している様々な課題に対して、オリエンタルベーカリーには解決策があることを提示。同社の提供価値への期待を高めることで、まずは無料サンプルの申し込みにつなげることを狙った。申し込みはFAXでもできるようにしており、忙しい合間でも簡単に送れるように、あらかじめ施設名や住所を印字した。

一方で、商品の掲載は最小限にとどめることで、サンプル請求から提案へと自然につなげられるフローを設計した。

実施効果

サンプルの申込は目標比330%
最終的な成約は13件に

サンプルの申し込み数は、目標としていた

上段左から、オリエンタルベーカリーの和田 督也氏、水本 幸代氏、藤田 恵氏、下段左から佐藤 由衣氏、美濃 満子氏、山口 紗奈氏

目的	申し込みの獲得
DMの役割	主に新規顧客の獲得
発送数	5,000通
効果	サンプル申し込み数165件、成約13件
他媒体との連携	—
ターゲット	外食企業やホテル、介護福祉施設、幼稚園・保育園

基礎情報

☑ 企業概要
（主な商品、サービス、ビジネス内容）
業務用パンの開発や提供

☑ ダイレクトマーケティングツールの活用状況
Webで訴求しにくいターゲットに送付

なぜDMを使用したのか
DMは直接ユーザーにアプローチでき、保管性や開封率が高く、社内での回覧率を高めることもできるため、有効な施策と考えている。

POINT 2
ターゲットに合わせて、現場の課題とパンを関連させた解決策を記載。

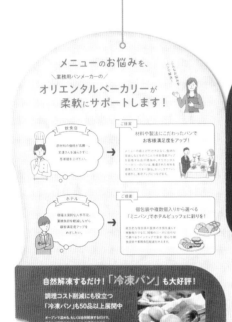

POINT 3
商品の掲載は最小限にとどめ、サンプル請求から提案へ自然につながるフローを設計した。

審査会の評価点

戦略性	/	★ ★ ★
クリエイティブ	/	★ ★ ★ ★ ★
実施効果	/	★ ★ ★ ★

審査委員講評

BtoBのDMだが、お堅くなく、パンを扱う店舗の経営者なら絶対に開けたいDMである。コンテンツは少な目だけど伝えるべきことはシンプルに網羅されている。しかも「無料サンプルセット」というオファーは最強である！　加藤公一レオ

50件に対して165件と、目標比330%を達成。商談を前提に商品の掲載を最小限にとどめたことが奏功して、サンプル申し込み数の39.4%にあたる65件の商談につながり、そこから13件の成約に至った。

関東圏では認知があまりないパンメーカーだったが、大きな強みであるパンを実際に味わってもらうことで、より商品の魅力をアピールできたと考えている。

招待券が飛び出すDMで展示会へ来場誘う
ブースへの来場者数は前年比110%に

訪問&接触機会創出!
前年比110%を記録した招待状

» 広告主　ガリバー
» 制作者　ガリバー

staff　D 田中 杏奈　PI 井上 大輔

POINT 1
挨拶文と担当営業名をバリアブルで印字して、自分ごと化を狙った。

POINT 2
上下に飛び出すギミックで、驚きと興味を喚起。招待券は簡単に取り外しが可能。

戦略性

展示会の来場誘致にDMを活用
飛び出すギミックで印象強く

　DMに特化した印刷事業を行うガリバーは、例年DM関連サービスを訴求する展示会に出展しているが、その展示会において昨年から紙の招待状が廃止されたことで、来場者の減少と顧客との接触機会の損失が課題となっていた。そこで、オリジナルの招待状DMを実施して来場を促し、課題の解消を図った。

　DMのインパクトを強めるため、DMを開封すると招待券が飛び出すギミックを活用。招待券には、面倒な登録作業を省略して入場できる二次元バーコードを記載し、さらにその招待券をガリバーのブースでノベルティと交換できるようにして、会場への誘致だけでなく、ブースの集客にもつながるよう工夫した。

　当日、会場に足を運べない人に対しては、DMの二次元コードから遷移できるバーチャル展示会場を設置。そこでリアルの展示会場と同じ内容を展開するなど、DMで創出した機会を最大限に活用した。

クリエイティブ

DM制作会社の技術を結集し
驚きから行動喚起へ

　クリエイティブの制作では、驚いてもらい、興味を持ってもらい、行動してもらうといった、"行動をデザイン"することにこだわった。

　招待券が飛び出すギミックは、驚いて思わず何度も開け閉めしてしまうなど、長時間DMを手に持ってもらうことを狙った。また、招待券は財布に入るサイズにすることで、スムーズに来場という行動へ移行できるよう工夫した。さらに、DMの情報を自分ごと化してもらえるよう、挨拶文と担当営業名はバリアブルで印字し、DMや連動するWebのデザインはポップなイラストと言葉遣いを軸にして、気軽に行ける雰囲気を伝えた。

実施効果

来場者数は前年比110%
新たな接点にもつながった

　当日、チケットの回収枚数は33枚でレス

左からガリバーの田中 杏奈氏、井上 大輔氏

目的	展示会やブースへの来場誘致
DMの役割	主に新規顧客の獲得
発送数	1,540通
効果	来場者数は前年比110%
他媒体との連携	Webサイト
ターゲット	過去に1度接触したものの、1年以上接触していない関東1都3県の見込み顧客

基礎情報

☑ **企業概要**
（主な商品、サービス、ビジネス内容）
ダイレクトメールに特化した広告印刷会社

☑ **ダイレクトマーケティングツールの活用状況**
来場誘致や顧客との接触機会の創出、訪問機会の創出など、幅広く活用

> **なぜDMを使用したのか**
> 紙だけが持つ"人を動かす力や可能性"がある。DMは効果的で必要な広告媒体であると考えている。

POINT ③
アイソメトリックイラストで、ワクワクしてもらえるようなブースの雰囲気と展示内容を表現した。

ポンス率は2.14%となり、展示ブースへの来場者数は前年比110%で80人増となった。また、バーチャル展示会場へのアクセスは154人で、レスポンス率は10%。そこから公式サイトへの回遊にもつながり、サイト全体のPV数は前年同月比157%、問合せ数も前年同月比153%を記録した。

このDMをきっかけに、数年ぶりに接点が持てたり、宛先以外のDM担当者との接触につながったりと、数値以上に有効な出会いがあったという。営業には、訪問の際の手持ちツールとしても有効だと好評で、このDMをきっかけに7件の商談につながった。

審査会の評価点

戦略性	/	★ ★ ★ ★ ☆
クリエイティブ	/	★ ★ ★ ★ ☆
実施効果	/	★ ★ ★ ★ ☆

審査委員講評

ぱっと見の派手さはないけれど、見れば見るほど味わい深い遊び心に溢れているDM。人間に例えれば、普段は真面目、話すと超面白いヤツって感じですかね。営業担当者の名前が入るのもグッド。個人名ってそれだけで最強のコピーですから。　　　　　　　　岡本欣也

> **・ DM診断 ・**
>
> **ここが秀逸！**
> リアルの展示会への案内状だが、来られない場合はバーチャルでも訪問できることをポップアップも含めたクリエイティブで訴求し、ダブルで集客を図っている。二次元バーコードもメインの位置に置き、リアルとバーチャルの両方をイメージさせる、両立のクリエイティブスタイルがシンプルに手堅くできていた。

紹介のハードルを下げる丁寧な工夫で
住宅の新規注文を30件受注

新規顧客獲得のための
ご紹介DM

» 広告主　泉北ホーム
» 制作者　500G

staff　Adv 北田 まみ　CD 余 有奈　AD 大西 亜里　D 港 愛香　Pr 山本 英貴

POINT
1
紹介制度の流れは、イラストでわかりやすく表現した。

戦略性

単価の高さというハードルを越え
気軽に紹介できるDMを考案

　泉北ホームで家を建てた施主に対し、友人や知人に同社への紹介を促すためのDMを実施した。

　住宅は単価が高いことから、紹介する側にとっても紹介される側にとってもハードルが高く、紹介による新規顧客の獲得数は低かった。そこで、当施策では紹介率を上げるためにさまざまな工夫を行った。

　たとえば、DMには名刺サイズの紹介カードを封入。財布などに入れて持ち歩けるようにすることで、職場など日常の暮らしの中で家づくりを検討しているという話が出たと

きに、手軽に紹介できるようにした。また、紹介を受けた人が初めて来場するときにカードを持参すると、それだけで特典が受けられることを明記して、初回来場へのハードルを下げた。

　さらに、紹介する側だけでなく、紹介される側にもメリットがあればより紹介率が上がるのではと考えて、成約時のリワードを設定してDMに明記した。

クリエイティブ

紹介する側の心理を汲んで
メリットの記載方法を工夫

　DMでは、紹介制度の仕組みや流れをイラストで表現し、分かりやすく伝えた。また、

紹介する側と紹介される側の双方がやるべき行動と享受できるメリットも明確に伝えることで、紹介のハードルを下げることを目指した。その際、DMとカードで記載内容を分け、紹介される側には紹介する側のメリットが分からないよう配慮した。

　デザインのコンセプトは、気軽に利用できる紹介制度とし、親近感を醸成できるよう考えた。カードは財布に入れても目立つように、明るい色使いのデザインを採用した。

実施効果

30件の注文を受注
費用対効果の高い施策に

　やるべきことやメリットを明確に伝えたこ

左から、泉北ホームの大西 亜里氏、港 愛香氏、北田 まみ氏

目的	来店誘導／申し込みの獲得
DMの役割	主に新規顧客の獲得
発送数	3,094通
効果	来店50件、注文30件
他媒体との連携	—
ターゲット	過去に泉北ホームで家を建てた施主

POINT 2
カードは2枚。財布に入れても目立つ
よう、明るい色使いを採用した。

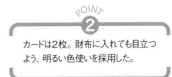

基礎情報

☑ **企業概要**
（主な商品、サービス、ビジネス内容）
住宅メーカー

☑ **ダイレクトマーケティングツールの
活用状況**
継続的に活用

なぜDMを使用したのか
届けたい相手に直接届けられる
ため、ターゲット特性に合わせ
たクリエイティブがしやすい。ま
た、携帯してもらえるものを送
付できる点も魅力。

POINT 3
紹介メリットは明確に伝えながらも、
紹介される側には紹介する側のメリ
ットが分からないように工夫した。

審査会の評価点

戦略性	/	★ ★ ★ ☆ ☆
クリエイティブ	/	★ ★ ★ ★ ☆
実施効果	/	★ ★ ★ ★ ★

審査委員講評

新居に招かれた友人は、ライフステージが似て
いることも多いでしょう。家を建てようとお考えか
もしれません。家主が彼らにさりげなくオススメす
る仕掛けとして、ご紹介カードを同封しています。
マーケティング活動の全体設計のなかで、DM
に課せられた役割が分かりやすい事例です。

音部大輔

・DM診断・

ここが秀逸!

お友達紹介カードを複数枚入れて、
忘れずに紹介してもらえるよう考え
ている。また、ただカードを同封す
るだけでなく、「記入する→渡す→
ご来店→ご成約」と、カードを使っ
た流れを分かりやすく見せているほ
か、カードをセットする位置も面白
く、全体的に洒落たクリエイティブ
になっている。住宅は単価が高いこ
ともあり、非常に高い金銭的効果
も得られた。

とで、紹介の心理的ハードルが下がり、実際
に新規顧客の獲得につながった。3,094通を
送り、30件の注文が入ったことから、費用
対効果の高い施策となった。

紹介する側からは、「紹介したい人に渡す
カードには紹介する側のメリットの記載がな
いため、紹介しやすい」との声が多く聞かれた。
また、カードを渡すだけという手軽さから、
親密度にかかわらず、気軽に紹介できること
も好評だった。

Webでターゲットを絞りDMで申込促進
獲得率は従来比大幅UP

紙DMの無駄打ち減!
メールとDMで獲得率従来比大幅UP

» 広告主　ソフトバンク
» 制作者　ジェイアール東日本企画

staff　Adv 杉原 渚　CD 德良 聡司　D 神森 さくら　Dir 澤田 学　AE 宮崎 夏樹

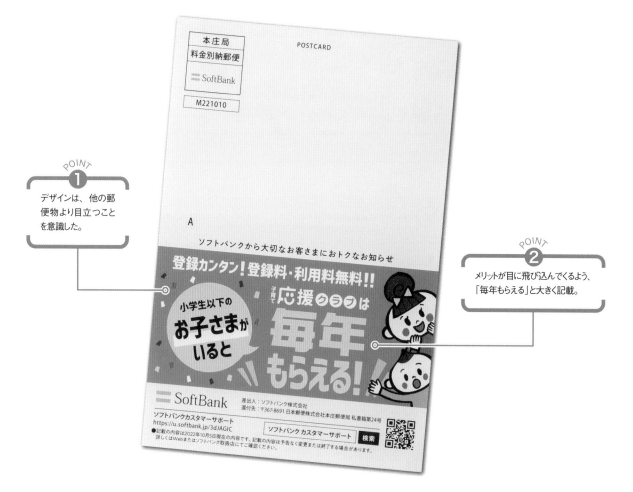

POINT 1
デザインは、他の郵便物より目立つことを意識した。

POINT 2
メリットが目に飛び込んでくるよう、「毎年もらえる」と大きく記載。

戦略性

ターゲットを推定する仕組みで
無駄打ちを減らし獲得率をアップ

　ソフトバンクには、子どもが12歳になるまで毎年PayPayポイントをプレゼントする「子育て応援クラブ」というサービスがある。完全に無料で加入できるためユーザーメリットしかないサービスだが、契約者に子どもがいるかどうかがわからず、サービスの告知や加入促進の施策が打ちにくいことが課題だった。そうした中でも、子どもがいそうな人をAIで選定してスポットDMを送付していたが、獲得率は伸び悩んでいた。

　そこで、獲得率を上げるために、顧客行動から子どもの有無をより精緻に推測し、自動で「子育て応援クラブ」の加入促進を行う仕組みを構築。指定のWebを閲覧後にSMSを送付し、数日後、まだ加入していない人にはさらに紙のDMを送付した。

　最初はWeb閲覧後に速やかにDMを送付していたが、DM到着前に自分で加入してしまう人が多く、DMが無駄になっていた。そこで、SMSによるコミュニケーションを挟んだり、DM送付タイミングを変えたりして、DMの無駄打ちを減らすとともに、獲得率の向上を目指した。

クリエイティブ

デザインはWebと連動
顧客メリットは大きく目立たせる

　Web閲覧がトリガーになっているために一度の送付数が少なく、広告郵便割引が効かないことから、送付コストを下げるためにハガキを選択。着宅時に「Webで見たサービスだ」とわかってもらえるよう、ポストの中でも目立つデザインを考えた。さらに、表面には「毎年もらえる」と大きく記載してメリットが目に飛び込んでくるようにし、裏面では簡単に登録できることが理解できるようにサービスを説明した。

左から、ソフトバンクの小森谷 嘉明氏、杉原 渚氏、中﨑 典尉氏

目的	申し込みの促進
DMの役割	主に継続顧客化
発送数	非公開
効果	レスポンス率（申込件数）従来比大幅UP
他媒体との連携	Webサイト、SMS
ターゲット	ソフトバンクの子ども向け商材のWebサイトを閲覧したユーザー

POINT 3
簡単に登録できることを理解しやすいように説明を工夫。

基礎情報

☑ 企業概要
（主な商品、サービス、ビジネス内容）
情報通信事業の運営

☑ ダイレクトマーケティングツールの活用状況
継続的に活用

なぜDMを使用したのか
きめ細かいターゲティングができ、効果を明確な数字で把握できるため。

実施効果

ターゲティング精度が上がり、獲得率は従来比大幅UP

　これまでのスポットDMに比べ、大きく成果を伸ばした。

　また、従来のターゲティングでは「子どもがいないのに送られてきた」「孫がいる」など、ターゲティングが外れているという顧客の声が聞かれていた。しかし、この仕組みで送付したDMに対してはそうした声が出ておらず、ターゲティングの精緻化が成功していることがうかがえた。

審査会の評価点

戦略性	/	★ ★ ★ ★ ★
クリエイティブ	/	★ ★ ★ ☆ ☆
実施効果	/	★ ★ ★ ★ ☆

審査委員講評

お子様がいる親に登録をさせて、子供の成長に合わせて一生CRMを行っていく「ベネッセモデル」の戦略が素晴らしい。中長期視点のLTV施策にソフトバンクの覚悟を感じます。特典も分かりやすいし、登録の手順もシンプルに表現できています。　　　　　加藤公一レオ

・ DM診断 ・

ここが秀逸!

Webサイトの閲覧でホットな見込み客であることを判断し、間髪を入れずにDMを送付するというオンデマンド型の構成。考え方はシンプルだが、手持ちのデータとAIで予想して送付していた従来の手法に比べて、格段にパフォーマンスが上がっている。ハガキ1枚、かつクリエイティブに特筆すべき点はないが、メッセージさえ分かりやすければ、ホットなターゲットにはきちんと刺さるということが証明されている。マーケティングオートメーションのプログラムに従って自動的に送られていくということもあり、低いコストでの獲得が実現できている。

「すごろく」でサービスの理解を促進
周年を迎える企業に強くアピール

周年は山あり谷あり?
すごろくDMで落とし穴を把握!

》 広告主　TOPPANエッジ
》 制作者　TOPPANエッジ、SING

staff　Adv 平原 加央里　CD 五十嵐 和人　AD 岡本 制士　D 坪内 隆典　C 前畠 得衣子　PI 柴田 咲子、中井 伸江　戦略 田代 良太郎　フィギュア 大當 由香里

POINT 1

マス目には周年プロジェクトのタスクや落とし穴を記載し、
事前にプロジェクトの全体像が把握できるようにした。

戦略性

本格始動までに忘れられないよう
情報を充実させて保管を促す

　TOPPANエッジは、周年プロジェクトのコンサルや企画、制作などの支援サービスを提供しているが、そのサービスの拡販が十分にできていないとの課題があった。また、クライアントの企業内で周年プロジェクトの担当者の提案が役員や社長によって振りだしに戻されるケースもあったことから、少しでも周年プロジェクトに前向きに取り組むきっかけもつくりたいと考えていた。周年プロジェクトの企画から実施までには1〜3年程度かかるため、ターゲットとなるのは周年イヤーを2〜5年後に迎える企業。そこで、プロジェクトの本格始動までに手元に残したり、社内で回覧してもらえるよう、DMを使ってサービスの認知拡大や理解促進を図ることとした。

　DMのコンセプトは「周年すごろく」。マス目には周年プロジェクトのタスクや落とし穴を記載し、読み進めていくとプロジェクトの全体像が把握できるようにした。情報を充実させることで、資料として長期保管してもらったり、万が一クライアントのプロジェクト担当者が代わっても引き継ぎ資料として使ってもらったりして、TOPPANエッジの事前提案が忘れられないよう配慮した。

クリエイティブ

封筒には周年数字を個別に印刷
細かなこだわりで特別感を演出

　「周年すごろく」はマス目を読むだけでなく、実際に複数人で遊べるよう、コマ2つとサイコロを同封した。また、周年祭（さい）とサイコロに掛けて、「サイ」のオリジナルキャラクターを作成。それをコマのモチーフにしたほか、封筒や挨拶状などにも散りばめて、ポップで楽しい雰囲気を演出した。

　封筒や同封した挨拶状には、送付先の企業の周年数字を個別に印刷。サイのキャラクターを用いて日本郵便のオリジナル切手を作成し、宛名は手書きして、特別感が伝わる

TOPPANエッジ、SINGの周年プロジェクトメンバー

POINT 4
キャラクターのオリジナル切手を作成

POINT 2
封筒や挨拶状には、送付先の企業の周年数字を個別に印刷し、特別感を演出。

POINT 3
「サイ」のオリジナルキャラクターを作成して、楽しくポップな印象に。

目的	周年プロジェクト支援サービスの認知拡大や理解促進
DMの役割	主に見込み顧客の発掘
発送数	13通
効果	アポイント6件・商談化3件・新規受注1件
他媒体との連携	電話
ターゲット	周年を2〜5年後に迎える企業（既存顧客）の総務部

基礎情報

☑ **企業概要**
（主な商品、サービス、ビジネス内容）
従来の紙を中心とした製品やサービスとデジタル技術を掛け合わせて、主に4つの事業（インフォメーションソリューション、ハイブリッドBPO、コミュニケーションメディア、セキュアプロダクト）を展開

☑ **ダイレクトマーケティングツールの活用状況**
DMと電話やWebサイトなどを組み合わせて施策を実施

なぜDMを使用したのか
DMは部署内で情報拡散させたい場合や、複雑で膨大な情報を届けたい場合、また印象付けや保管の上でも有効だと考えている。

ようにこだわった。さらに、挨拶状には企画担当者の顔を掲載し、顔が見える安心感を表現した。

実施効果

電話も併用し1件を新規受注
提案しづらい企業のアポも獲得

DMの送付前と送付後には営業から電話を掛け、情報収集や商談化を図った。そうした動きも寄与し、送付した13社のうち、6社の窓口開拓に成功して、3件の商談化と1件の新規受注に至った。送付先の企業の中には、営業が普段提案しづらいところもあったが、このDMをきっかけにアポイントを獲得。社内報の新規受注があり、その実績が評価されて、周年プロジェクトの提案もできた。

審査会の評価点

戦略性	/	★★★★☆
クリエイティブ	/	★★★★☆
実施効果	/	★★★☆☆

審査委員講評

独特のノウハウが求められる周年プロジェクトをリスクも含めて全体像を把握してもらうため、すごろくで体験できる仕掛けとしたのが秀逸。BtoBに必要な周りの巻き込みや電話フォローに貢献し、見事な結果を出しています。

明石智子

・DM診断・

ここが秀逸！

周年プロジェクトをテーマとしたすごろくで、クリエイティブに非常に注力したことがうかがえる。審査委員にも、クリエイティブ面が評価された。周年プロジェクトを任された担当者は、時間があるときにマスを読めば、ここからアイデアを得ることもできるだろう。サイコロやコマも同封されており、印刷会社ならではの強みも生かされていた。周年を迎えたタイミングの企業に送付しているため、現時点での送付数は少ないが、この先も周年を迎える企業に送付できる息の長いプログラムとなっている。

特殊印刷で疑似体験ツールを作成
店舗の「調光レンズ」売上伸長を後押し

調光レンズ売上過去最高を達成
紫外線で色が変わるDM

» 広告主　HOYAビジョンケアカンパニー
» 制作者　イムラ

staff　Adv 近藤 真紀　CD／AE 伊集院 琢　D 兒井 透

POINT 1

調光レンズを疑似体験できる
ツールを、「感紫外線印刷」と
いう特殊印刷で作成。

戦略性

調光レンズの入門編として
疑似体験できるDMを制作

　HOYAが提供する調光レンズである「SENSITY2」に新色としてブルーが加わることになり、それをきっかけに、便利なのにまだ認知度が高くない「調光レンズ」を一般化させたいと考え、調光レンズの入門編ともいえるDMを制作した。

　ターゲットは、メガネ購入実績のある人。面白い機能のレンズを使ってほしい想いからレンズメーカーであるHOYAからメガネ販売店にDMハガキを提供し、メガネ販売店がそれを各々カスタマイズした上で、既存顧客にDMを発送した。

　認知度があまりない中で手元に届いたDMに興味関心を持ってもらうためには、体験型のキャッチーな企画が必要だと考えた。調光レンズは紫外線の量によって色が変化するレンズで、屋外など紫外線が多い場所では発色し、室内では無色になるため、メガネとカラー付レンズの2つの役割を1本で兼用することができる。そこで、紫外線を当てると色が変わる仕掛けで、視覚的に調光レンズの機能がイメージできるDMを制作した。

クリエイティブ

特殊印刷を用いて
疑似体験ツールを作成

　DMのテーマは調光レンズの入門編であったことから、説明的な情報は削ぎ落とし、まずはメガネのレンズ部分の色が日光で変化するという体験を通して、調光レンズを知ってもらえるようにした。調光レンズの疑似体験ツールは、「感紫外線印刷」という特殊印刷を用いて作成。それによって、外の紫外線量の多さも体感してもらい、意識の変化も狙った。

　DMには、YouTubeの公式チャンネルに上がっている「調光レンズ」の15秒CMにつながる二次元バーコードを掲載。DMは興味関心の入口として、体験と特典というシンプルな内容で来店誘導を行い、詳しい情報や補足情報はWebで確認してもらう設計とした。

実施効果

調光レンズの売上は過去最高に。
販売店の販促意識も変化

　DMを発送したとあるメガネ販売店からは、

左から、イムラの伊集院 琢氏、HOYAの近藤 真紀氏

目的	認知拡大／来店誘導
DMの役割	主に新規顧客の獲得
発送数	4万通
効果	調光レンズの売上が過去最高を達成
他媒体との連携	Web動画
ターゲット	メガネ販売店・メガネ販売店の既存顧客

基礎情報

☑ **企業概要**
（主な商品、サービス、ビジネス内容）
メガネのレンズメーカー

☑ **ダイレクトマーケティングツールの活用状況**
メガネ販売店を通じて、一般消費者に訴求するために活用

なぜDMを使用したのか
DMは体験を届けられる特別なツール。デジタルで完結させてしまいがちな今の時代において、貴重なコミュニケーションを担うものだと考えている。

POINT 2
二次元バーコードで「調光レンズ」の15秒CMに遷移させ、理解を深めた。

「史上最高の売上になった」という声も聞かれた。

今回のDMは大判サイズであることや、「感紫外線印刷」という特殊印刷技術を活用した物珍しい仕様であることから、普段はDMなどの販促活動にあまり積極的でない販売店からも、提供依頼が続出。販促における販売店の意識が高まり、全体の底上げにもつながった。

また、YouTubeの「調光レンズ」15秒CMは、Web CMと連動して41万回の再生回数を達成。チャンネル内の再生回数の平均を大きく上回った。

審査会の評価点

戦略性 ／ ★★★★★
クリエイティブ ／ ★★★★★
実施効果 ／ ★★★★★

審査委員講評

素晴らしいワンアイデアが世界を変えることがあります。このDMもそのひとつではないでしょうか。太陽にかざすと色が変わるという「やらずにはいられない体験型の仕掛け」は、体験型ゆえに全身に記憶が刻まれるのだと思います。

岡本欣也

・DM診断・

ここが秀逸!

調光レンズ入門編として、実際に太陽を当てると色が変わる仕掛けで、調光レンズのイメージを体験できるDMとなっている。シーズナリティがある商品ということもあり、発送数は4万通で反応率は1.25%とそこまで高くはないが、こうした仕掛けによるインパクトで商品を覚えてもらうことで、ニーズが出てきたときの想起や、購入の検討にもつながることが考えられる。

自治体らしくない封筒でワクワクを演出
新成人や家族からも好評

巣立ち応援
18歳祝い金支給事業

» 広告主　**南相馬市**
» 制作者　**marutt**

staff　CD／AD／D／C にしやまりか　PM 齋藤 亮太　D 川田 季代　PRアドバイザー 宮本 英実

POINT
①
トレーシングペーパーでつくった半透明の正方形の封筒で、手に取ってもらえるようにした。

戦略性

**コンパクトサイズのDMで
新成人に応援メッセージを送付**

　18歳を迎え成人し、大人のスタートラインに立つ若者の門出をお祝いする事業で、単に祝い金を支給するだけでなく、一人ひとりに18歳の巣立ちを地域みんなで応援していることを伝えたいとの思いで、当事業を実施した。

　まずは届いた封書を手に取ってもらいたいと、封筒はいつも市から送っている長方形の落ち着いた色のものではなく、トレーシングペーパーでつくられた正方形の半透明な封筒を選び、結婚式の招待状のような非日常感・ワクワク感を演出した。封筒がコンパクトな

サイズであるため、案内文や応援メッセージについても、読んでもらいたいことをコンパクトにまとめて記載した。

　メッセージのほかに、白紙の色紙も同封。色紙には、家族や友人、お世話になった先生たちから応援メッセージを書いてもらい、新しいステージに挑戦するときや何気ないときに見返して、勇気を出せるお守りのようなものになってほしいとの思いを込めた。

クリエイティブ

**手に取ったときに際立つよう
半透明の封筒でコピーを強調**

　半透明の封筒を使用することで、手に取っ

たときに「さあ、行っといで。」というキャッチコピーが中から透けて見え、より際立つようにと考えた。

　封書のコピーやデザイン、色調は、18歳祝い金支給事業で制作している、地域の人を被写体とした応援メッセージポスターと合わせた。また、送付のタイミングも応援メッセージポスターの公表や掲示と合わせ、事業全体で統一感を持たせるよう工夫した。

実施効果

**市民には好評を博し
メディアからは大きな反響**

　受け取り手である若者やその家族からは

下段左より2人目から、maruttの川田 季代氏、にしやまりか氏、齋藤 亮太氏、ほか南相馬市こども未来部こども家庭課の皆さん

目的	応援メッセージの送付
DMの役割	主に認知拡大
発送数	495通
効果	—
他媒体との連携	Webメディア
ターゲット	令和4年度に18歳になる人（10月1日時点で、市に住民登録が3カ月以上あることが条件）

基礎情報 |

☑ **企業概要**
（主な商品、サービス、ビジネス内容）
自治体

☑ **ダイレクトマーケティングツールの活用状況**
継続的に活用

> **なぜDMを使用したのか**
> これから多くの行政手続きを自分でしていく18歳の成人に、そのスタートとして送った封書が印象に残ればと考えた。

POINT 2
封筒の大きさに合わせて、内容もコンパクトにまとめた。

非常に好評を博し、「今まで市から送られてきた封筒で、こんなものは見たことがない」「思わず手に取ってしまうお手紙だった」との声が寄せられた。

南相馬市では、市外へ情報を訴求する手法が新聞以外にないことに課題を感じていたことから、その新たな手法としてWebのプレスリリースメディアを起用し、当事業について市内外への認知拡大も試みた。その中で、封書についても画像付きで紹介し、案内文などのクリエイティブに関するこだわりも伝えた。そうしたところ、Webメディアやテレビ、雑誌など多数のメディアに取り上げられるという、今までにない大きな反響が得られた。

審査会の評価点

戦略性	/	★ ★ ★ ★ ☆
クリエイティブ	/	★ ★ ★ ★ ☆
実施効果	/	★ ★ ★ ☆ ☆

審査委員講評

公共のサービスの認知や理解は若年層には伝わりにくく、ついついデジタルメディアに頼りがちではありますが、今回のこの作品は紙のDMという特性をうまく利用して、DMからデジタルへの連携もしっかりストーリーが作りこまれていました。また、クリエイティブの視点からも役所から届く一辺倒のものではなく、オケージョンを意識したこだわりを感じることができる作品です。

藤原尚也

・ DM診断 ・

ここが秀逸!

プロモーション目的ではなく、心をつなぐコミュニケーションとして送られたDM。市からのメッセージだが、自治体からの郵便物によくある茶封筒ではなく、トレーシングペーパーの封筒を選んでワクワク感を演出している。18歳の成人の祝い金をただ給付するだけでなく、祝い金の意味をメッセージに乗せて伝えたことで、成人した本人はもちろん、家族からも大変な好評を得た。思いの伝わる、よく考えられたクリエイティブで、審査委員にも好評だった。

DM AWARD 2024
銅賞
BRONZE
★

二次利用フリーのマンガを活用し、立体的に「知的財産」を理解できる仕掛け

「簡単に使えないはずのマンガ」だから分かる知的財産

》広告主　大阪工業大学
》制作者　リクルート、アストラカン大阪

staff　Adv 林 浩一、有吉 渉　D 川原 宏教、大倉 融子　C／Dir／PI 鈴木 貴文　C 岡田 卓実　AE 大橋 由貴子、石川 慎也

「日本で唯一の文系学部ってなんだ…？」

大阪工業大学の文系学部
知的財産をよろしく

ブラックジャックによろしく　佐藤秀峰

POINT

二次利用フリーの作品『ブラックジャックによろしく』を使用することで、立体的に知的財産への理解を促した。

POINT

手に取りやすいマンガで高校生にアピール。

目的	学部志願者獲得
DMの役割	主に認知拡大
発送数	7,000通
効果	出願者数151件以上、昨対比142%

審査委員講評

日本で唯一の「知的財産」を扱う学部という点に絞った訴求が成功しています。マンガのキャラクターを使ったインパクトがありながら分かりやすい説明で、学部のユニークな内容をキチンと伝えています。
椎名昌彦

戦略性・クリエイティブ・実施効果

使用するマンガがそのまま知的財産の事例に

　2003年に日本で唯一の「知的財産学部」を立ち上げた大阪工業大学は、文系志望の新高校3年生とその保護者に向けて、学部の認知獲得を目的にDMを発送した。同学部は法学と経営学を徹底的、専門的に学びながら、テクノロジーやデザイン、芸術的な知見や教養も身につけることができることが特徴だ。

　大阪工業大学は名称から当然理系のイメージが強く、文系の高校生への認知が低かった。また、高校生にとっては「知的財産」は身近ではない分野でもあり、志望者獲得に課題があった。

　そこで2023年3月31日から、文系の新高

校3年生とその親を対象に「知的財産」の認知拡大とその分野に関する興味を喚起することで、学校と学部の認知につなげることを目指した。高校生世代に分かりやすく伝えるために「マンガ」形式を採用し、「知的財産」とは何か、という説明からはじまり、ビジネスの現場で起こりうる「知的財産」を題材にしたシーンを紹介。マンガのテイストと合わせてコミカルに伝えた。そして、二次利用フリーの作品『ブラックジャックによろしく』を使用することで、DMそのものも知的財産に関する事例とし、立体的に知的財産への理解を促進した。

　一般入試に先駆けて行われた公募制推薦入試では、22人の募集に151人の志望者が集まり、前年度比142%と大きな成果につなげた。

• DM診断 •

ここが秀逸！

知的財産学部を、一点突破型で徹底的にアピールしたDM。漫画『ブラックジャックによろしく』のキャラクターを使って、インパクトのあるクリエイティブを展開した。キーコンセプトにとても忠実にマンガで分かりやすく語られており、全体的に非常にうまくできている。学部の知名度も前年の27%から43%に上昇し、パフォーマンスもきっちりと上げているところが素晴らしい。

タブレットサイズのインパクトで
開封率5倍、接点創出に成功

CPA3.3倍!
本物風のタブレットDMが話題に!

» 広告主 **スプリックス**
» 制作者 **フュージョン**

staff Adv 島貫 良多　CD 富田 舞　AD 佐藤 健一　D 新林 七也、喜多 音葉、工藤 日向　Dir 松原 千尋　AE 中嶋 佑也

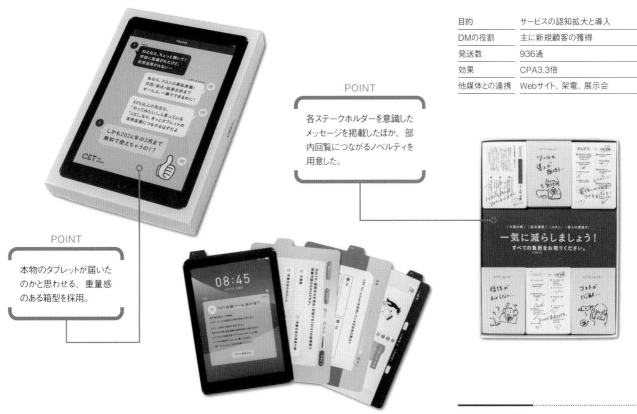

目的	サービスの認知拡大と導入
DMの役割	主に新規顧客の獲得
発送数	936通
効果	CPA3.3倍
他媒体との連携	Webサイト、架電、展示会

POINT
各ステークホルダーを意識したメッセージを掲載したほか、部内回覧につながるノベルティを用意した。

POINT
本物のタブレットが届いたのかと思わせる、重量感のある箱型を採用。

戦略性・クリエイティブ・実施効果

サイズと重量感で
インパクトを演出

スプリックスは、公教育機関向けICTツール「CBT for school」の認知拡大と導入推進を目的にDM施策を実施した。同ツールは、基礎学力を正しく評価するTOFAS、主要5教科の理解度を測る単元別テスト、プログラミングの知識評価に特化したプログラミング能力検定の3要素で構成される。

発送対象は全国の教育委員会のICT担当者。なかでも、これまで電話やDMでアプローチした履歴はあるものの、その後の接点維持や商談につながらなかった自治体をターゲットとした。

DMでは本物のタブレットが届いたのかと思わせる、インパクトのあるサイズと重量感のある箱型を採用。外装にはターゲットの課題に合わせたビジュアルで開封を促した。同梱物では教育委員会、教員、生徒と各ステークホルダーを意識したメッセージと、導入実績などのエビデンス情報を掲載したほか、部内回覧につながるノベルティも用意。一方でサービスの詳細については情報量を抑制し、問い合わせや商談希望の誘引要素とした。

開封率は前回比5倍、CPAは3.3倍を達成。期待通り部内回覧にもつながり、役所内で話題となり別部署からDM受信の有無を確認するような動きもあったという。新規の接点創出に成功した。

審査委員講評

形も重さも「タブレットそのまま」を徹底した体験型DM。圧倒的なインパクトで思わず手に取ってしまう、アプローチの難しそうな教育委員会向けにしっかり反応を取ったBtoBの王道的プログラムです。　　　椎名昌彦

・DM診断・

ここが秀逸!

教育委員会へのアプローチ方法は難しく、営業の直接訪問や営業電話は門前払いとなるケースが多いため、DMで切り込むというのは有意義な戦略である。反応率は11%で、BtoBのプログラムとして良好な成果が得られている。

親の心理に寄り添ったDMで高獲得!

アップセルなのに!
上位プランへのプラン変更を促進!

左から、ソフトバンクの小森谷 嘉明氏、阿部 桃子氏、中崎 典尉氏

» 広告主　ソフトバンク
» 制作者　ジェイアール東日本企画

staff　CD 徳良 聡司　AD 工藤 健　D 橋口 七海　Dir 澤田 学　AE 宮崎 夏樹

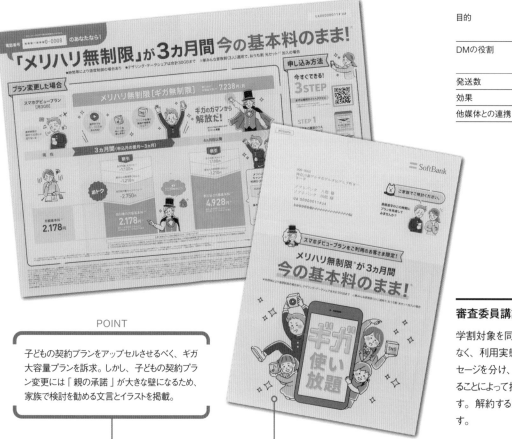

目的	サービス継続と上位プランへの買い換え促進
DMの役割	主に継続顧客化（上位商品への買い換え促進【アップセル】）
発送数	非公開
効果	非公開
他媒体との連携	SMS

POINT

子どもの契約プランをアップセルさせるべく、ギガ大容量プランを訴求。しかし、子どもの契約プラン変更には「親の承諾」が大きな壁になるため、家族で検討を勧める文言とイラストを掲載。

審査委員講評

学割対象を同一視し格安だけ訴求するのではなく、利用実態（データ使用量）に合わせてメッセージを分け、具体的なお得額を個別印字することによって提案型にした設計が素晴らしいです。解約する親の心理を深く理解した施策です。
　　　　　　　　　　　　　　上島千鶴

戦略性・クリエイティブ・実施効果

ターゲットの利用状況に応じてDMを3パターンに出し分け

　本DMは子どものスマホ契約プランをアップセルさせるべく、大容量プランを訴求する企画を立てた。

　大容量プランは高額なため、なかなかアップセルしづらいが、あえて安価なプランの提示ではなく、ギガ量を軸にしたプランを訴求したDMを制作した。

　クリエイティブでは子どもの興味喚起と、親への親しみやすさや納得感を意識して制作した。封筒には「ギガ使い放題」と契約者が魅力に感じる言葉を記載。子どもが手に取って思わず開封して親のもとに持っていきたくなる封筒を目指した。また、このDMは「親の承諾」が大きな壁になるため、親子でのプラン変更について検討を求める文言とイラストを入れ、開封促進につなげた。

　また、同梱したチラシには、プラン変更による料金増を懸念する親が納得して行動につながるよう、シンプルで分かりやすい料金説明や、キャンペーンを魅力的に見せるクリエイティブを用意。さらに、学割が「今だけ」「あなただけ」であることをグラフや個別印字で提示することで速やかなプラン変更にメリットがあることも伝えた。

・DM診断・

ここが秀逸!

ターゲットの年齢上、親の許諾が大きな壁だったが、ギガ使い放題のプランであれば子どもがいくら使っても親としては安心というメッセージを伝え、親も含めて説得した。その結果、過去のプログラムと比べて高いアップセル率となり、より単価の高いプランへの誘導に成功した。ターゲット別に言い回しを変えるなど、定石もしっかりと押さえている。戦略や効果がバランス良く評価され、受賞につながった。

DXを推進する自治体との商談獲得大幅アップに成功

テレアポ成功率を5倍に引き上げた展示会フォローDM

左から、TOPPANエッジの野田 彩夏氏、鎌北 浩樹氏、長原 優氏

》広告主 TOPPANエッジ
》制作者 博報堂

staff　Dir 大橋 佑生

目的	商談アポイント獲得
DMの役割	主に見込み顧客育成
発送数	179通
効果	アポイント43件
他媒体との連携	アウトバウンドコール

POINT

封筒から内容物に至るまで事例ごとに共通の色分けを採用。関心のある情報にアクセスしやすいように工夫。

POINT

同封物はカード型。事例ごとに1枚で訴求内容をまとめた。

審査委員講評

自治体のDXはこの国の大きな課題であり、その解決はいまだ道なかばだが、このDMはその困難に寄り添うように、DX担当者を丁寧に導こうとしている。デザイン・コピーにTOPPANらしいきまじめさが滲み出ていて、作り手の高い実力を感じます。　　　　　　岡本欣也

戦略性・クリエイティブ・実施効果

テーマ別の色分けで必要なものを選びやすく

　TOPPANエッジは、自治体のDXソリューションを紹介した展示会の自社ブース来場者をターゲットに、商談アポイント獲得施策としてDMを活用した。

　展示会では細かな顧客ニーズに合わせた提案や、その後のフォローも十分ではなく、リードの案件化率に課題を感じていた。そこでDMを用いて展示会の記憶を呼び起こしながら、その後に行うアウトバウンドコールへの橋渡し役とすることを目指した。

　DMでは封筒の開封面と同封物で事例ごとに共通の色分けを採用。これによって受け取り手の部署や興味・関心に応じて、必要な

テーマを選びやすくした。同封物はカード型で、1枚で訴求内容をまとめた。

　展示会は6月に実施し、予算編成が本格化する9月までの期間で商談機会創出を目指した。DMは179通を発送し、43件の商談アポイントを獲得。自治体の規模や役職、商材との親和性をスコアリングし、高スコアの自治体から優先的にコール。より効率的なアポイント獲得も狙った結果、従来のEメールとアウトバウンドコールを利用した施策時の約5倍の実績につながった。

　コール時の反応を分析したところ、コールを受けた人の大半がDMを閲覧しており、円滑なコミュニケーションにつながった。色分けやカード型の提案は、見やすさやインパクト面で評価を得た。カードをカラーコピーして部内で共有する自治体もあった。

・DM診断・

ここが秀逸!

目を引くクリエイティブで、内容も分かりやすく、とても上手にできている。切り口が明確であるため、それに引っ張られて思わず事例を読みたくなる。審査委員からも、クリエイティブが最も評価された。一度接点を持った人をターゲットにしていることから、成果もBtoBとしては良好な数字が出ている。発送数はまだ少ないが、これから年間を通じて活用できるDMとなっている。

見込顧客に寄り添ったDMで
リーチ数UP&配送コスト減

「はじめまして」の気くばりで、
購買心をつかむDM

左から、イムラの山田 英輝氏、本平 うみか氏、武 数馬氏

» 広告主　ニチレイフーズ
» 制作者　イムラ

staff　Adv 須田 久美子　CD 本平 うみか　AE 山田 英輝

POINT

ターゲットとする宅食サービスに対する理解が進んでいない層に向けて、必要な情報を絞り込んだ。

目的	コスト削減と効率的な新規顧客獲得
DMの役割	主に新規顧客の獲得
発送数	3,931通
効果	コスト減・リーチ数UP

POINT

「はじめましてキャンペーン」と称して新規顧客の取り込みを図る。

審査委員講評

手軽に読める大判圧着DMにストーリー性とインパクトを加えることで、はじめて層への即時の理解と申し込み促進に成功。美味しさが際立つメニュー写真や健康を気にする層への訴求と細部まで気配りが効いています。

明石智子

戦略性・クリエイティブ・実施効果

必要情報を厳選し、
キャンペーンも新設

　ニチレイフーズは冷凍おかずセットの販売において宅食食事サービス比較サイトからの資料請求者に対してカタログの送付を行い、注文につなげるための引き上げツールとして活用してきた。しかし、カタログの発送に時間を要することと初回注文への説明不足から、新規顧客獲得につながらない状況が続いていた。そこでカタログをDMに代替することで、迅速なアプローチと初回注文への動線をつくることにした。

　DM制作にあたり、クリエイティブスペースを圧縮した。ターゲットとする宅食サービスに対する理解が進んでいない層に向けて、必要な情報を取捨選択。DMはA4サイズの4ページにまとめた。また、カタログは既存顧客向けに制作されていたため、初見の消費者への配慮に欠ける点があった。そこで配送方法やメニュー、サービスなどのメリットを分かりやすく伝えることを目指した。新たに「はじめましてキャンペーン」も設置し、特別感を伝えながら行動につなげる動線をつくった。

　色が要の食品だからこそ、印刷時の色の出方や見え方には最新の注意を払い、いかに美味しく見えるかを追求した。紙面を使い大きく、鮮やかに商品を見せることができるDMのメリットを感じたという。発送コストの削減にもつながり、今後も改訂を重ねて展開する計画である。よりリード獲得およびリーチ件数を増やせるDM制作を行いたい。

・ DM診断 ・

ここが秀逸!

　紙代の高騰で必要に迫られて実施した圧着見開きDMだったが、人気メニューに絞って掲載し、あとはWebサイトへ誘導したことで、売上を落とすことなく、リード獲得の効率も上がった。これにより、最近はシニア層であっても情報量が多ければ読んでもらえないということが分かり、DMの担当者にとって非常に参考になる良い事例となった。

サプライズDMで
インターン旅行の特別感を醸成

「ペンとダーツの旅」への
招待状

左から、ハタジルシの広瀬 誠氏、ありが
とうの上村 文美氏、ハタジルシの岡山 和
也氏、ありがとうの古田 ナツ子氏

» 広告主　ハタジルシ
» 制作者　ハタジルシ、ありがとう

staff　CD 広瀬 誠　AD／D 古田 ナツ子　D 上村 文美　C／Dir 岡山 和也

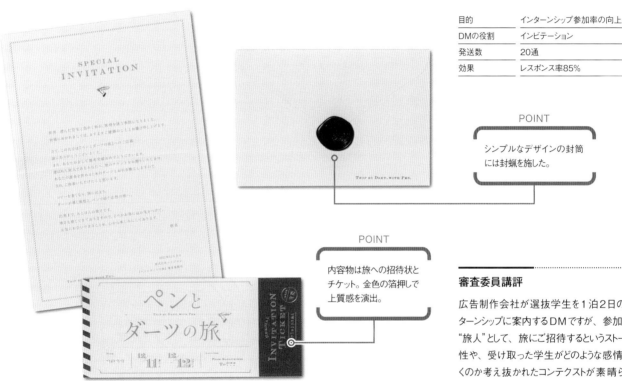

目的	インターンシップ参加率の向上
DMの役割	インビテーション
発送数	20通
効果	レスポンス率85%

POINT
シンプルなデザインの封筒
には封蝋を施した。

POINT
内容物は旅への招待状と
チケット。金色の箔押しで
上質感を演出。

審査委員講評

広告制作会社が選抜学生を1泊2日のインターンシップに案内するDMですが、参加者＝"旅人"として、旅にご招待するというストーリー性や、受け取った学生がどのような感情を抱くのか考え抜かれたコンテクストが素晴らしいです。　　　　　　　　　　上島千鶴

戦略性・クリエイティブ・実施効果

サプライズで発送し
参加意欲を刺激

　ハタジルシはコピーライターが多数在籍する広告制作会社。例年新卒採用活動には力を入れており、その一環として実施するインターンシップ「ペンとダーツの旅」対象の学生に向けて、参加への意欲向上を目的にDMを発送した。

　同社のコピーライターはディレクター職を兼任することが特徴で、自らの足で稼いだ情報をもとに広告クリエイティブの全体設計を行っている。こうした仕事内容を、同社を志望する学生に伝えることがインターンシップ「ペンとダーツの旅」の目的でもある。インターンシップは1泊2日と拘束時間が長く、

日程変更もできないため、当日キャンセルが出ることが予想される。より確実な参加を促すためには意欲の向上が必要と考え、企画実施の3〜5日前にサプライズでDMを送付することにした。

　開封後の驚きを演出するため、封筒のデザインはシンプルにしながら、他の郵便物との違いを素材とオリジナル封蝋で表現した。中にはメッセージと「ペンとダーツの旅」のチケットを封入した。旅情を誘うコピーとデザインを目指し、チケットには金の箔を用いてプレミアム感を高めた。チケット裏面の注意書きに至るまでこだわり、旅への期待を高めるエッセンスをちりばめた。

　DMを受け取った学生からは「テンションが上がりました」などの声が寄せられ、体調不良を除く8割の学生が参加した。

• DM診断 •

ここが秀逸！
広告制作会社の新卒採用のプロセスにおいて、このDMの少しひねった世界観やストーリーに共感するかどうかが、一つの採用のフィルターになっている。社員数が17人という会社で、少ない候補者を絞って採用するプロセスとしてはかなり手間がかかっているが、このプロセスを通して候補者のエンゲージメントが高まるため、採用後もスムーズに活躍してもらうことができるのではないか。DM単体としてというよりは、その背後にあるプログラムも含めて意味のある事例だといえる。

答えたくなるアンケートで
休眠顧客の再開拓に成功

いま、ご活用いただけていない
お客さまへ。

左から、武藤事務所の武藤 雄一氏、PR TIMESの小暮 桃子氏、石黒 早恵実氏

» 広告主　PR TIMES
» 制作者　武藤事務所

staff　Adv 小暮 桃子　CD／C 石黒 早恵実　AD／D 服部 雅世　Pr 武藤 雄一

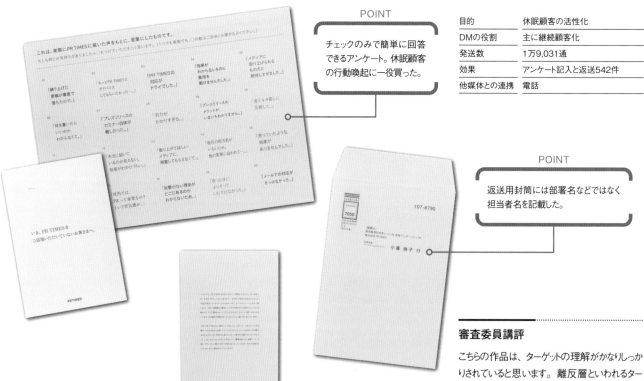

POINT

チェックのみで簡単に回答できるアンケート。休眠顧客の行動喚起に一役買った。

POINT

返送用封筒には部署名などではなく担当者名を記載した。

目的	休眠顧客の活性化
DMの役割	主に継続顧客化
発送数	1万9,031通
効果	アンケート記入と返送542件
他媒体との連携	電話

審査委員講評

こちらの作品は、ターゲットの理解がかなりしっかりされていると思います。離反層といわれるターゲットの掘り起こしは非常に難しいのですが、様々な離脱要素をあえて可視化させ、手に取り読ませることで滞在時間が長くなり、手元におけるDMの特性をとても活用できていると思います。

藤原尚也

戦略性・クリエイティブ・実施効果

ターゲットに近い企業の声をもとにアンケートへの回答を促す

　プレスリリース配信サービスを運営する「PR TIMES」は、最後の配信から1年以上利用が止まっている企業とその担当者を対象に、利用再開を促す目的でDMを発送した。利用履歴がある企業のうち、担当者変更などで電話などによるコミュニケーションが難しいアプローチ先への接点創出手段とするのが狙いだ。

　DMは一見、パンフレットや招待状を思わせるクリエイティブで開封を誘導。紙質や同封したメッセージも含めて、こだわって制作した。開封以降のアクションにつなげたのは、アンケートへの参加だ。同じように利用が止

まっていた企業からの声を紹介しつつ、該当するものがあればチェックするだけの回答フォームを作成。フリー回答ではなく、リアクションしやすい方法で休眠顧客の意向を探った。また、返送用の封筒には実際の担当者名を記載し、単なる無機質なDMではないことを訴求した。

　2023年7月7日の発送後、13日から18日までの間で1日に50〜80件の返送が到着。その後も1日10〜30件の返送が続いた。封筒に年内の配信再開を記載してきた企業もあったという。返送した企業へはお礼と商談希望の電話を入れており、約半数とは接点創出に、さらにその半数とは会話の機会につながった。商談につながった事例では、重要視していた休眠顧客からの利用再開も生まれているという。

・ DM診断 ・

ここが秀逸!

コネクションが切れてしまった休眠顧客に向けて、DMでアンケートを送るというひと味違った形で刺激を与えて、コネクションをつなぎ直すきっかけとしている。上質な紙を使って、いい加減なDMではないことを示し、そのまま捨てられることを防いだ。ターゲット企業からの反響もあり、きちんと効果にもつながっている。

ダイエットのやる気を引き出す
伴走者を起用し継続率向上

川畑要が応援! 思わず続けちゃう継続プログラムDM

ダイレクトマーケティングゼロの田村 雅樹氏

» 広告主　ピュレアス
» 制作者　ダイレクトマーケティングゼロ

staff　Dir 阿部 綾子　Pr 田村 雅樹

POINT
丁寧な解説で、ダイエットの継続を促す。

POINT
歌手の川畑要さんを「伴走者」として起用し、ダイエットの継続を促した。

目的	商品理解促進と継続率改善
DMの役割	主に継続顧客化
発送数	1万通
効果	レスポンス率45%
他媒体との連携	メール

審査委員講評

ダイエット商材は2回目の継続率をいかに上げ、さらに習慣化してもらうかが共通課題ですが、解約や挫折する要因を理解した上で、100日プログラムとして川畑要さんが伴走している(ように見える)長期間の仕掛けに感銘を受けました。　　　　　　　上島千鶴

[戦略性・クリエイティブ・実施効果]

川畑要さんを一緒に取り組む伴走者に起用

　ピュレアスのダイエットサプリ「ONE'S UP」は、定期購入者の約7割が3回目までに解約していることが課題だった。そこでCRM施策を見直し、DMによるアプローチを実施した。「ONE'S UP」はHMBを配合し、筋肉の修復・合成をサポートし、食事制限で減りがちな筋肉量をキープするための女性向けサプリ。

　早期解約者と継続利用者の違いをアンケート調査によって解明。その原因を商品への理解不足と運動頻度の少なさにあると分析した。そのため、DMでは商品への理解を深め、生活上意識すべきこと、取り組むべきことを時系列で明確に伝え、ダイエットに対する意識改革を促した。

　クリエイティブでは、商品プロデュースを手がけた歌手の川畑要さんを起用。ダイエットでは挫折させないことが重要であるため、川畑さんを利用者の伴走者、また理想のゴール像として画像を掲載。同封する冊子では、各ステージのTO DOを絵やグラフでコンパクトにまとめ、顧客の「続けられそう」という期待感を醸成した。

　DM施策によって、3カ月時点での残存率が10%向上。一人あたりのLTVも実施前比で2,000円上昇した。購入者限定の特典映像として配信しているYouTube動画の再生数は3倍になった。利用者からも「初めてダイエットが続いています」と喜びの声が届いているという。

・DM診断・

ここが秀逸!

1信、2信、3信、4信と継続的にDMを送り、タレントも一緒にダイエット期間を走っているように見せながら励ますことでリピートを促進するという、通販ではよくある手法だが、プログラムとしてしっかりとできている。レスポンス率も45%と、挫折しそうなときに効果的にDMを送ることで、成果にもつながっている。

DM AWARD 2024
銅賞
BRONZE
★

成功施策のノウハウを生かし
ブランド横断のクロスセルを実現

前年比187%! 開封体験で
F3転換クロスセル成功!

» 広告主　ポーラ
» 制作者　フュージョン

staff　Adv 多賀 成美　CD 富田 舞　Dir 石塚 友美　AE 中嶋 佑也

POINT

黒い封筒を開けると華やかなアートワークが現れる。「B.A」ブランドの世界観を訴求する仕掛け。

目的	ブランド横断のクロスセル
DMの役割	主に継続顧客化
発送数	1,500通
他媒体との連携	限定Webサイト、スペシャルコレクション対象者限定ページ

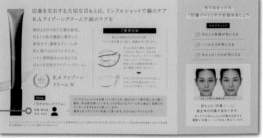

POINT

ユーザーレビューや使い方のポイントも掲載。

審査委員講評

サンプル商品をオファー的に見せながら、「B.A」ブランド他商品のクロスセルを実現しています。サンプルも定型封筒サイズに収めてコストを抑えながら、封筒の内側も使って上質なデザインを両立させたところが素晴らしいです。　椎名昌彦

戦略性・クリエイティブ・実施効果

開封時のインパクトで
ブランドの世界観を表現

　ポーラは、シワ改善薬用化粧品「リンクルショット」の2回購入者をメインターゲットに、併売アイテムとして同社最高峰ブランド「B.A」のアイゾーンクリームのクロスセル訴求を目指しDM施策を展開した。

　2022年に実施したDMが成功し、2回目購入へのリピート率を指す「F2転換率」が200%に伸長した。さらに3回目となるF3転換後は離脱率が低下する傾向にあることもあり、転換率向上を目指す今回の企画実施につながった。また、ブランド間のクロスセルが起こることで顧客ロイヤリティが高まる傾向にあったことから、「B.A」ブランドでのク

ロスセル率向上に挑戦した。DMによる訴求タイミングは商品の使用ではなく、購入から1カ月後に設定した。

　DMでは漆黒の封筒を開封すると華やかなアートワークが現れる仕様を採用し、「B.A」ブランドの世界観を伝えた。成功したF2転換施策のノウハウを生かし、レビューや使用方法の情報も掲載した。二次元コードから受信者限定のLPへ誘導し、より詳細な情報へのアクセスと購入動線とした。

　DMレスポンス率は施策を行わなかった前年比で187%と大きく伸長。施策実施後の「B.A」ブランドへのクロスセル率も伸長した。各ブランドの世界観が確立している同社の商品群において、ブランド横断のクロスセルに効果を発揮した。

・ DM診断 ・

ここが秀逸!

ブランド観を徹底的に追求したおしゃれなデザインで、裏側の印刷にも手を抜いておらず、クリエイティブの完成度が高い。コストをそこまでかけずに高いクオリティが担保されている点が素晴らしい。クロスセルアイテムのサンプルをプレゼントとして送付し、購買につなげている。戦略は非常にベーシックだが手堅く、レスポンス率は11.8%と、成果も良好だ。

AIの活用で成約確率の高い顧客の特徴を発見

変革の一手は"見えるカード"と"見えないカード"

左から、三井住友カードの髙橋 春菜氏、鈴木 研吾氏、増尾 速哉氏、草壁 美和子氏

» 広告主　**三井住友カード**
» 制作者　**フュージョン**

staff　Adv 鈴木 研吾、増尾 速哉、髙橋 春菜、草壁 美和子　CD／PI 小木 陽介　AD 松原 千尋　Dir 加藤 敦司　AE 吉川 景博、植松 勇生

POINT

需要が拡大しつつも認知度の低い「パーチェシングカード」を「見えないカード」と名づけ、コーポレートカードと対比させることで強く印象づけた。

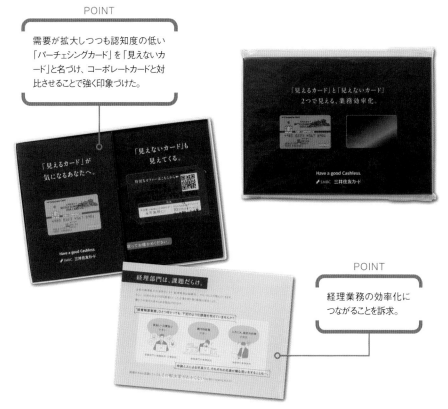

POINT

経理業務の効率化につながることを訴求。

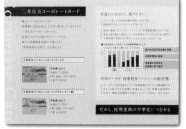

目的	新規顧客の成約
DMの役割	未接点企業に対するリード獲得
発送数	2,000通
効果	リード獲得率 前回対比240%
他媒体との連携	動画広告、LP

審査委員講評

手で触れられるコミュニケーション、手触りを実感できる知覚刺激であるというDM固有の有用性は、きわめて限定的なターゲットを対象とする場合にも大いに機能します。本事例は、そのわかりやすい実例であるように思われます。

音部大輔

戦略性・クリエイティブ・実施効果

経理部門の責任者向けに2種類のカードを効果的に訴求

　三井住友カードは、経理業務の効率化につながる2種類のカード「三井住友コーポレートカード」「三井住友パーチェシングカード」の営業において未接点企業に対するリード獲得を目的にDMを活用した。

　ターゲットは、発送前時点で取引がない企業の経理責任者。送付にあたっては、既存の導入企業属性や利用傾向をAIで分析し、成約・利用見込みの高い企業を選定した。

　最終目的となるカード契約の成立を実現するためには、意思決定者との接点構築が欠かせない。確度高く商品認知させる手段として、これまでも実績のある箱型のDMを採用した。開封誘導としては新規カテゴリーで認知の低いパーチェシングカードを「見えないカード」のコピーとカード大の透明素材で表現。コーポレートカードを「見えるカード」として並べて対比させ、商品認知と理解促進を狙った。「見えるカード」「見えないカード」というメッセージは動画やLPなど複数メディアで統一し、効率的な認知向上も目指した。

　DMの結果、AIで選定したセグメントは、従来の選定条件と比較して、4.5倍のリード創出に成功し、過去未接点のターゲットとのコンタクト・成約につながった。さらに通常では4カ月の商談期間を要するパーチェシングカードで、2週間で複数件の導入希望を獲得した。箱型の形状については架電時の認知率が高く、期待通りの効果を残した。

・ DM診断 ・

ここが秀逸!

コーポレートカードに対して、経理上バーチャルのカードとして扱えるパーチェシングカードがあることを、見えるカードと見えないカードの2つがあるという言い方でアピールした点が、切り口として非常に優れている。クリエイティブにも清潔感があり、無駄がない。反応率や売上もBtoBとしては良好で、売上は次年度も継続していくことから、今後もっと大きなリターンが期待できる。

DM AWARD 2024
銅賞
BRONZE

企業イベントへの参加意欲を醸成したインビテーションキット

Smile Gift

左から、リクルートの長濱 孝広氏、林田 由美氏、富田 真央氏

» 広告主　リクルート
» 制作者　リクルート

staff　CD 長濱 孝広　AD 林田 由美　AD／D 富田 真央

POINT

社内報の草分けとされる同社グループ報「かもめ」も社風を伝えるツールとして一役買った。

目的	企業イベントへの参加促進
DMの役割	インビテーション
発送数	650通
効果	参加者2,000人
他媒体との連携	Eメール、バナー広告

POINT

招待状に同封したのは、ガイドブック、チケット、塗り絵、色鉛筆など。

審査委員講評

一つひとつの制作物が丁寧につくられているDMであり、社員や家族のモチベーションアップを目的として「企業CM」より、100倍会社のことが伝わるDMだと思いました。社員が「家族に、私この会社で働いているんだよ」とドヤ顔で言っていることが想像できるDMです。

加藤公一レオ

【 戦略性・クリエイティブ・実施効果 】

ジェンダーや年齢に関係なく親しみやすいデザインを採用

　リクルートは、従業員の大切な人はみんな「ファミリー」とし、垣根を越えた企業カルチャーを体感できるイベント「みんなの日〜RECRUIT FAMILY DAY 2023〜」を開催。招待状としてDM「Smile Gift」を発送した。対象は応募があった従業員650人。単なる招待状ではなく、ガイドブック、チケット、塗り絵、色鉛筆などを盛り込んだ。

　イベント前後を含め長期で企業とのエンゲージメントを高めるために、社内クリエイターがすべてのデザインを担当。開催日までの期待感を醸成し、従業員が大切な人を誘

いやすく、当日の参加意欲を高め、終了後にも思い出に残るツールとしての機能を持たせた。「見えないものをみようとする／ありがとうが溢れる機会」をコンセプトにキービジュアルを展開し、誰もが楽しめるイベント主旨に合わせ、ジェンダーや年齢に関係なく親しみやすいデザインを採用。当日の動画やクイズなどのコンテンツと連動させるギミックも用意した。また、社内報や、重度の知的障害を持つ従業員が勤務するリクルートスタッフィングクラフツが制作したコーヒーとメモカードセットも同梱し、企業姿勢を伝えた。

　イベントはオンラインをベースに、東京・福岡オフィスでのパブリックビューイングも実施し約2,000人が参加。前年の約900人から大幅に増加した。

・ DM診断 ・

ここが秀逸！

社員とその関係者向けにオンラインをベースとしたイベントを開催し、その参加者へ、手元に残るものとしていろいろなギフトをプレゼントした。リアルのギフトでオンラインイベントへの参加を促したという点が良い。また、ギフトの内容もコースターや色鉛筆、ブレンドコーヒーのドリップバッグなど、バラエティに富んでいて面白さがある。

丁寧な接客とタイミング設計で大幅な転換率増加を実現

F2転換率が140%! 世界観に逃げないスマートDM

左から、ダイレクトマーケティングゼロの田村 雅樹氏、萩原 良子氏

» 広告主　**ロート製薬**
» 制作者　**ダイレクトマーケティングゼロ**

staff　Dir 萩原 良子　Pr 田村 雅樹

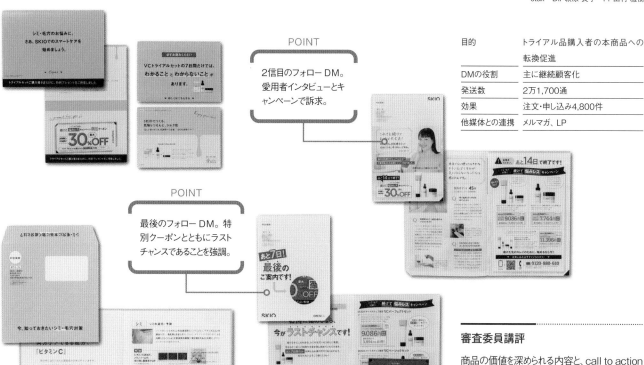

POINT

2信目のフォローDM。愛用者インタビューとキャンペーンで訴求。

POINT

最後のフォローDM。特別クーポンとともにラストチャンスであることを強調。

目的	トライアル品購入者の本商品への転換促進
DMの役割	主に継続顧客化
発送数	2万1,700通
効果	注文・申し込み4,800件
他媒体との連携	メルマガ、LP

審査委員講評

商品の価値を深められる内容と、call to actionを促進させる取り組みが一緒になったDM。ブランドカラーがきちんと押し出され、わかりやすいコミュニケーションによってF2転換率も目覚ましい結果を出されている素晴らしい作品です。

宮野淳子

戦略性・クリエイティブ・実施効果

4通のDMに役割を与え行動を喚起

ロート製薬は、スキンケアブランド「SKIO」のトライアルキット購入者を対象に、本商品購入転換を目的にDM施策を展開した。ターゲットはF2層、中でも30代〜40代の子育てや仕事で多忙な女性のトライアルキット購入者に据えた。

トライアルからの本商品転換率が低い原因を探るべく調査を実施。その結果、トライアルキットではブランドの世界観しか伝わっておらず、購入者の高い期待に対して、効果の実感に乏しいことが離反を生んでいることがわかった。そこでDM施策を改善し、商品の良さを伝える丁寧な接客と、最適なタイミングでのコミュニケーションによる転換率向上を目指した。

トライアルキットに同梱するフライヤーでは使い続けることが効果につながることを伝え、顧客の意識を変えるきっかけとした。これに続く4通のDMで顧客の購買意欲を刺激するメッセージを伝えた。特に2信目から4信目までには期日のあるキャンペーンを告知することで行動を促した。コンタクトのタイミングでは既存顧客の購入パターンを分析し、日別転換率分析で顧客の転換率が高まるタイミングを特定。顧客の態度変容に合わせてDMの仕様や着信日、メルマガ配信日を細かく設定した。

施策の結果、転換率は施策前に対して140%となり、成果を実感した。

• DM診断 •

ここが秀逸!

サンプル請求から本商品への転換率を上げるため、商品コミュニケーションを手厚くして商品のリアルな効能への理解度を高めるというプログラムに切り替えを行い、それをしっかりと効果につなげている。通販のプログラムでやるべきことを丁寧に、きめ細かく行っており、DMとしてクオリティの高い作品となっている。また、ゆうメールを使って送付コストを抑えるなど、費用対効果もしっかりと考えられている。

《 日本郵便特別賞 》

特定の領域について、突出して優れた作品を顕彰する特別賞です。
「戦略性」「クリエイティブ」「実施効果」の3軸の総合評価とは別に、
企業規模や用途にかかわらず、キラリと光る魅力を持つDMにスポットを当てるものです。

♔ コピーライティング部門
受け手のインサイトを鋭く察知したキラーコピーで、
共感・感動を呼び起こし、行動喚起へとつなげたもの。

♔ エンゲージメント部門
顧客に向けて、企業・ブランドからの想いや気持ちをDMにしたためることで、
これまで以上に深い絆を築くことができたもの。

♔ インビテーション部門
告知、集客を目的とする招待状において、大切に保存したくなる工夫を施し、
ブランドへの期待感を抱かせたもの。

入選作品（二次審査を通過したもの）を選考対象としています。

DM AWARD 2024
日本郵便
特別賞
SPECIAL PRIZE

コピーライティング
部門

クレジットカードを「宝」と表現 行動デザインを取り入れたDM

眠った宝を探しに行こう! 行動変容を起こすナッジDM

左から、三井住友カードの小澤 裕之氏、岩崎 真矢氏、金子 真友氏、遠藤 友梨氏

» 広告主 　三井住友カード
» 制作者 　大日本印刷

staff　Adv 小澤 裕之、橋口 洋青、岩崎 真矢、金子 真友、遠藤 友梨　CD 東谷 奈美　PI 梶屋 葉子　AE 真田 幸孝　プリンティングディレクター 湯山 世紀

目的	休眠顧客の活性化
DMの役割	カードの認知・利用想起、アプリ誘導
発送数	約9万9,000通
効果	通常時の約3倍の反応率を獲得
ターゲット	個人の休眠顧客

POINT

隠されると知りたくなる。シークレットキャンペーンでWebへと誘導。

POINT

冒険風というワクワクするトーン&マナーで開封率をアップ。

審査委員講評

サービスの価値をしっかりターゲットに伝えるために「宝」と置き換えて、ストーリーを持たせたDMに素晴らしいという一言です!まさに、提供したい価値を「宝」として、まず認知させ、興味関心を駆り立てるゲーム性をクリエイティブに取り入れ、最終的にアクションをデジタルに誘導するというストーリー性も素晴らしい作品です。

藤原尚也

宝物を探すように、しまい込んだカードを見つけて財布のなかへ戻す

　三井住友カードは、1年以上クレジットカードの利用がない休眠顧客を対象に、大日本印刷と共同で「行動デザイン」を取り入れたDMを実施した。行動デザインのフレームワーク「CREATEファネル」と、人が自発的に行動したくなるような仕掛けを考えるオリジナルツール「DNPナッジカード™」を活用した共創ワークショップを開催。その結果、休眠顧客の家にしまい込まれている対象カードを宝に見立て、それを見つけて財布に入れてもらう「宝探しゲーム」案をDMに採用

した。

　行動障壁(やらない理由)を突破する仕掛けを冒険と地図風のクリエイティブで表現。従来とは一線を画すインパクトのある世界観で興味を引き、自然とミッションをこなすキャンペーン参加を促した。シークレットキャンペーンは一部の詳細を掲載せずアプリへ誘導し、DMのみでなくアプリ内でも訴求することで相乗効果を狙った。結果、従来の約3倍の反応率を獲得。LP流入率は本DMから4.5%と、メールに比べ約5倍の差をつけた。

・ DM診断 ・

ここが秀逸!

「あなたが眠らせている宝はどれ?」など、興味を持たせるキャッチフレーズが目を引く。休眠顧客の掘り起こしに、ゲーム性のある仕掛けで参加意欲を高めるアプローチが面白い。DMの中身からアプリへの誘導もスムーズで、実際にDMで顧客の態度変容を促すことに成功している。

日本郵便
特別賞
SPECIAL
PRIZE

DM AWARD 2024

エンゲージメント部門

仕事始めの日に年賀状で"一服"
ほっと一息つける時間を届ける

お茶の年賀状

左から、ハタジルシの広瀬 誠氏、芥川
生羽氏、ありがとうの古田 ナツ子氏

» 広告主　ハタジルシ
» 制作者　ハタジルシ、ありがとう

staff　CD／Dir 広瀬 誠　AD／D 古田 ナツ子　C 芥川 生羽

POINT

茶柱は鉛筆、お引き立ては"お挽きたて"と表現。
広告制作会社らしいクリエイティブ力で印象づける。

目的	主に継続顧客化
DMの役割	ステークホルダーとの関係強化
発送数	400通
効果	約20%のレスポンス（電話やメッセージなど）。会話から仕事の受注も
ターゲット	クライアントや協力会社など

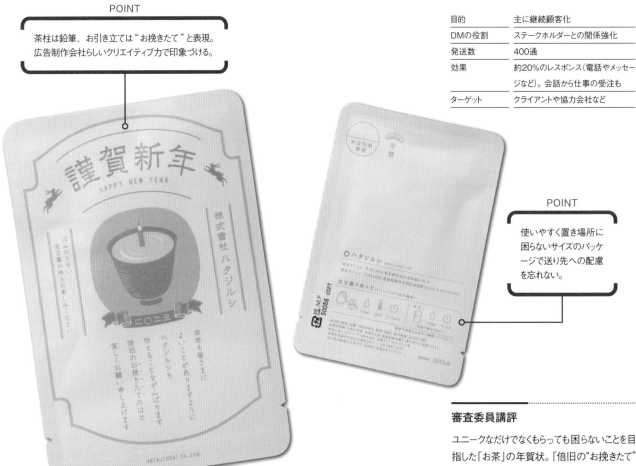

POINT

使いやすく置き場所に
困らないサイズのパッケー
ジで送り先への配慮
を忘れない。

審査委員講評

ユニークなだけでなくもらっても困らないことを目
指した「お茶」の年賀状。「倍旧の"お挽きたて"
のほど」というお茶に掛けたメッセージでコピー
ライターの会社らしさを伝え、取引先との関係
もホットです。　　　　　　　　　　椎名昌彦

押し付けない、されど記憶に残る年賀状でエンゲージメント効果大

　広告制作会社のハタジルシは、クライアントや協力会社などのステークホルダーを対象に、日頃の感謝と新年を楽しい気分で迎えてもらいたいという思いから、お茶を同封した年賀状を企画した。

　宛先は数百にも上り、様々な嗜好の相手がいるため、企画にあたっては「ユニークだけど、もらったら困る年賀状」にならないよう配慮した。あえてサービスの訴求などはせず、同社のイメージアップに徹した。クライアントや協業の営業担当などからは「さすがなセ

ンスとアイデア。年始早々驚いた」「もったいないので机に飾っています」などうれしい反応をもらい、レスポンス率は20%に。

　同社はコピーライターが多く在籍しており、茶柱を仕事道具の「鉛筆」に見立て年始の縁起と同社らしさを両立。「倍旧の"お挽きたて"のほど」というお茶に掛けたメッセージで、遊び心を加えた。クリエイティブ全体として、「年始のご挨拶・お茶・コピーライターの会社」という各要素が、かけ算となって伝わることがポイントだ。

・ DM診断 ・

ここが秀逸!

見た目は年賀状なのに、紙ではな
くお茶のパックでできているという
クリエイティブはシンプルで面白い。
コピーライティングの会社だからこ
そ鉛筆を茶柱に見立てて縁起が良
いという表現も、自社のクリエイティ
ブへの思いを上手に伝えられている。

ブランドの個性伝わる案内状で
プレス発表会への参加を促す

muts プレス発表会案内DM

左から、アジュバンコスメジャパンの北村 圭三
比、鷲山 厚子氏、石田 大輔氏

インビテーション部門

» 広告主　アジュバンコスメジャパン
» 制作者　アジュバンコスメジャパン

staff　AD／D 北村 圭三　PI 石田 大輔、鷲山 厚子

POINT

味のある「ロウ引き封筒」は
ブランドイメージを意識して
選んだ。

POINT

中身が透けて
見える素材で
開封を促す。

目的	新商品のメディアを通じた認知拡大
DMの役割	プレス発表会への参加促進
発送数	65通
効果	レスポンスは31件で約48%、雑誌記事掲載にもつながった
ターゲット	雑誌編集部を中心とするメディア関係者

審査委員講評

発表会の招待状に商品パッケージとも重なる
ロウ引き封筒を採用。紙の手触りとサンプル
による理解促進というDMならではの体感は、
数多く開催されるオンライン発表会の差別化
とブランドのアピールに成功しています。

明石智子

プレス発表会開催に向けてサンプル付き案内状を雑誌編集者に配布

　美容室専売品の新スタイリング剤ブランド
の立ち上げに伴い、アジュバンコスメジャパ
ンでは初となるプレス発表会を開催するため、
その招待DMをメディア関係者に送付した。
一般雑誌に新商品についての記事を掲載し
てもらうことが目的。まずは手に取った雑誌
編集者らに興味関心を持ってもらうことを考
え、目を引くデザインや質感のある封筒を
採用した。

　輸送中につくシワが味わいとして現れる「ロ
ウ引き封筒」は、中身が透けて見える素材で
開封を促す仕掛け。封筒の素材が新ブラン
ドで使用しているパッケージとも連動してい
るため、素材感を通してブランドイメージ訴
求にも一役買った。中はプレス案内状だけで
なく、商品サンプルを同封した。

　プレス発表会はオンラインで開催した。
DMでブランドに関心を持ってもらい、発表
会への参加を促し商品の認知拡大を図った。

　送付した65通のうち、約48%にあたる31
社からレスポンスがあり、プレス発表会の参
加を促すことに成功した。

・ DM診断 ・

ここが秀逸!

プレスリリースは一般的にメールや
FAXでのアプローチが多いが、サン
プルを送っているのが業界ならでは
の工夫だと感じられる。予算がない
中でも、メディアに対してできる限
りのことをする一生懸命さや熱量が
伝わった。封筒の質感などからも、
開封率を上げる努力が感じられた。

《 入 選 》

一次、二次審査を通過し、最終審査まで進んだものの、惜しくも入賞を逃した入選15作品を紹介します。

2023年12月に実施した最終審査会の様子

リマインドDMで解約阻止＆
スマホの買い替えを後押し

お客様に損させない！
リマインドDMで機種変更促進

》 広告主　ソフトバンク
》 制作者　大日本印刷

使用中のスマホを24カ月経過したタイミングで機種変更すると機種代金の一部が免除になる「トクするサポート＋」。しかし時期が来ても機種変更せず，特典を受けていない加入者が一定数いた。ご利用機種の残りの支払不要額を初回DMでは伝えていた。本DMでは，機種変更の時期が遅くなればおトク額が減額していくため，「いま」が最もおトクであることを訴求することで，機種変更の時期であることを加入者へリマインドをした。未送付者層と比較して大幅な機種変更数獲得に成功した。

・ DM診断 ・

ここが秀逸！

初回DMでコストの低い人にあて、それで動かない人に本体のDMをあてるというベーシックなDM。ビジネスのDMとしては非の打ちどころがない。余計な情報が入っておらず、ポイントが分かりやすいのも特長。クリエイティブ面では、中身を見るためのギミックのバリエーションが増えるとなお良かった。

感謝DMでSDGs対策を訴求
視聴者とより良い関係を持続

いつも、みなさまと、ともに。
年末ハートフル感謝DM

》 広告主　関西テレビハッズ
》 制作者　フュージョン

年末年始のTVショッピング特番の放送前に上位顧客へ向け、期待感を持って視聴してもらえるようクーポンと感謝を添えたDMを送付。今回はFSC認証紙の利用やフェアトレードコーヒーを同梱し環境などSDGsへの取組を表現。コーヒーを飲みながら買い物を楽しんでもらえるように工夫した。適度な厚みのあるコーヒーのパッケージはDMの開封率アップにつながり売上にも貢献。また、メルマガとDMの併用にも挑戦し、メルマガ送付がDMのレスポンス向上に寄与することが分かった。

・ DM診断 ・

ここが秀逸！

提供したいことをシンプルに、分かりやすく伝えられている。届いた瞬間に開けたくなる、封筒への気配りが感じられた。環境への配慮に徹底的にこだわっている点も評価ポイント。サステナビリティは意識しても実現できていない企業もいる中で、貫いているのはブランドとしても重要なこと。DMに押しつけ感がないのも好印象。

特典に交換できる「絵馬」を同封
イベントへの参加を促す

Google コマース事業者様向け
イベント招待DM

» 広告主　グーグル
» 制作者　エムアールエム・ワールドワイド、エージェント

コロナ禍以降オンライン参加が増え、イベントで以前のような Face to Faceの強い顧客接点を創出しづらくなった。この状況を改善するためGoogleでは会場集客の施策として、イベントコンセプトである商売繁盛を連想させるリアルな「絵馬」のDMを用意。会場には絵馬を奉納できる「絵馬かけ」を用意し、祈願するとその場で「商売繁盛グッズ」をプレゼントした。Googleとトラディショナルな絵馬というギャップと「縁起の良いものが送られてきた」という印象を与えることで、開封率および会場参加率アップを狙った。

・ DM診断 ・

ここが秀逸!

縁起物をコンセプトにし、ポジティブなメッセージ訴求にすることで、単なる開封率アップに留まらず、顧客とのエンゲージメントを高める内容。外資系の企業が日本文化的なDMを制作している点にも面白さがある。会場に持参するとプレゼントがもらえるという仕掛けは、次のアクションにつながっていて良い。

ゴールドを身近に感じるDMに
刷新して切替えを促す

三井住友カード ゴールド(NL)
ランクアップDM

» 広告主　三井住友カード
» 制作者　大日本印刷

一般カードの年間利用額が高額だが、メールでのプロモーションを受け取っていない優良顧客へ向け、ゴールドカードへの切替えを促したDM。利得性型のゴールドに魅力を感じる層に、年会費永年無料などの商品性と「メリットしかないチャンス」であることを明確に訴求した。受け取り手に特別なご招待であることが伝わることを意識し、カードサイズのチケットも封入物として同梱した結果、30%超の獲得率を達成。対象者の3人に1人がカードを切替えた。

・ DM診断 ・

ここが秀逸!

DMのサイズやメッセージが分かりやすく伝わるよう設計されているところが素晴らしい。「年会費永年無料」などのメリットを前面に押し出す一見シンプルなつくりだが、ターゲット層の行動特性を検証しながら従来型のラグジュアリーなトーンを改めるなど、訴求ポイントとメッセージを工夫したことがうかがえる。

DMと動画を組み合わせて
クリエイティブ力をアピール

尖ったクリエイティブで商談発掘!
新NISA販促DM

》 広告主　TOPPANエッジ
》 制作者　TOPPANエッジ

TOPPANエッジは、新NISA制度のスタートに合わせ信用金庫の担当者へ向けて、名入れのみで完成する「新NISA制度のパンフレット制作の案内」を送付し、特別価格で提供できることを伝えた。詳細は記載の二次元バーコードから説明動画へつなげてTOPPANエッジのクリエイティブ力をアピール。帳票類の課題点をさぐり、デザイン改善に役立つ「SP診断」の無料チケットを添えて開封してもらえるように工夫したところ、多くの担当者が動画まで視聴。226通を送付したうち7件の新規商談につながった。

• DM診断 •

ここが秀逸!

社名にちなんだ尖ったデザインにインパクト。こういったアプローチをすることで、発注先に悩んでいた企業の新規獲得にもつながり、効果も表れていると考えられる。詳しい説明は動画に誘導するという点も、紙とWebをうまく組み合わせていて高評価。

コロナ禍での接点は
保管性に優れたDMと動画で創出

どんなヒントが入ってる?
担当者が開きたくなる招待状

》 広告主　第一生命保険
》 制作者　TOPPANエッジ

第一生命保険はコロナ禍で企業担当者と接点が持ちにくい中、新サービスのセミナーや法人向けソリューションの案内としてDMを選択した。発送後に話材としてもアプローチするため、興味を引く形状と、特別感あるデザインで開封を促し、本体は後から見返せるようにと小冊子という形態を取った。さらに各種コンテンツのダイジェスト版動画も視聴できるように二次元バーコードから誘導。総発送数の8割にあたる1,199社とコンタクトが図れ、2割にあたる298社からサービス継続検討の回答を得た。

• DM診断 •

ここが秀逸!

圧着の中に冊子が入っているという仕組みが特徴的。DM側を捨ててしまっても冊子だけ取っておくことができ、いざという時に問い合わせできるよう二次元バーコードの設置などが考えられている。また表4(裏表紙)の情報を取り払っている点も潔く、必要な情報がうまくまとめられている。

シニアのスマホ化障壁を分析し、
クリエイティブで解決!

シニア層に徹底的に寄り添ったDMで
スマホ化に成功!

》 広告主　ソフトバンク
》 制作者　ジェイアール東日本企画

ガラケーからスマホへ機種変更してもらうため、スマホへの不安を解消できるように、柔らかいタッチのイラストと若葉マークの色を基調色とし、シニア層に親しみやすく手に取ってもらいやすいデザインを採用。スマホが複雑で難解に見えないよう、シンプルでわかりやすさにこだわった。無料スマホ教室のご案内に加えて、サブスクでお悩み聞き放題となる有料サポートもご案内するなど、シニア層に徹底的に寄り添ったDMでスマホ化に成功した。

・ DM診断 ・

ここが秀逸!

柔らかい書体・文字の大きさで、ポイントもわかりやすく、シニア層へのアプローチのお手本ともいえる完成度の高いDM。シニアが抱える課題をしっかり分析し、内容や送付タイミング、サポート体制などに反映させていることも素晴らしい。

ワイモバイルの魅力を漫画で解説、
低コストでのりかえを促進

戦略的な地域選定&
1/4のコストで顧客獲得大幅増!

》 広告主　ソフトバンク
》 制作者　TOPPAN

他社サービス利用者ののりかえを促すため、宛先が不要で広範囲のターゲットにアプローチ可能なエリアメールを活用した施策を実施。ワイモバイルの魅力を伝えるために、童話を題材にした漫画を用いて楽しくわかりやすい内容にした。特に、ワイモバイルのネットワークが強い地域を重点的に選ぶことで、新規顧客の効率的な獲得を狙った。この取り組みにより、前年比で顧客獲得率が8.7%増加。さらにCPAを従来のダイレクトメールの27％に抑え、コスト効率を大幅に向上させることができた。

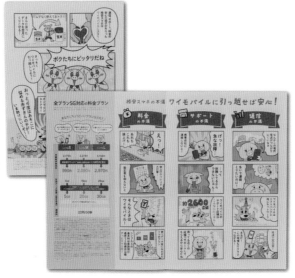

・ DM診断 ・

ここが秀逸!

競合からののりかえを図る訴求はマス広告では難しいコミュニケーションで、ターゲットに直接届く紙メディアであるDMを活用する意義がある。発送するタイミングや課題解決策の提示も最適。メッセージを伝えやすい漫画を活用したこともポイント。

申込者の目線でつくりWeb加入率と二次元コードアクセス約230%大幅増

1信、2信でプッシュを最大化!
自分ごと化保険DM

≫ 広告主　パルシステム共済生活協同組合連合会、三井住友海上火災保険
≫ 制作者　イムラ

　保険加入率を増やすDM施策として、申し込みしやすいように文字を大きく配置し、親しみやすいデザインを採用。後追いハガキを送り印象付けた。ターゲットの年齢層からWeb動線を強化することで加入率が高まると予測。封筒・宛名台紙・後追いハガキそれぞれに二次元コードをのせ誘導を図ったところ、二次元コードへのアクセス数は対230%、うち後追いハガキのアクセス数が全体の65%を占めた。加入数も1.3倍となり、1信との連動感を持たせたことで効果を発揮した。

・ DM診断 ・

ここが秀逸!

今までのクリエイティブを改善した点がポイント。なお1信2信というストーリーがある中で、キャラクターを使ってうまくメッセージを連動させられている。セオリー通りではなく、中身をリバースエンジニアリングしてレスポンスが2.3倍まで伸長している点が評価できる。

人を惹き付けるDM クリエイティブの手本は年賀状から

うれしいこと、みえますように。
逆さ富士年賀DM

≫ 広告主　フュージョン
≫ 制作者　フュージョン

　湖面に見立てた鏡面加工紙に富士山のデザインが反射する「逆さ富士年賀DM」。気象条件などが重なることで見られる貴重な「逆さ富士」に掛け「結果としてうれしいことが生み出せるようご支援する」というフュージョンのメッセージが込められている。背景の雲が「二〇二三」になっている隠し要素など、気が付いた人だけがハッピーになれる仕掛けも忘れない。毎年、同社からの年賀状を待ち望んでいる取引先は多く、大切なコミュニケーションツールのひとつに成長した。

・ DM診断 ・

ここが秀逸!

逆さ富士を選んだアイデアが良い。開けた瞬間のメッセージから、顧客とフュージョンとの関係性が伝わった。これを手に取って、一緒に仕事をしていて良かったと安心感を抱いただろうと想像できる。

誕生日にお茶を添えて
楽しい買い物「時間」をプレゼント

想いと体験を届ける！
ファン化促進バースデーDM

» 広告主　ベルーナ
» 制作者　イムラ

モノを一緒に送れるのがDMの強みでもある。ベルーナは優良顧客のさらなるファン化促進のためバースデー施策を大幅に見直すことにした。従来のハガキから封書へ変更し、お祝いの気持ちを表せるようなデザインを採用。クーポンと一緒にオリジナルデザインの「ほうじ茶」を同封し「飲みながら、ゆったりとカタログショッピングを楽しんでほしい」というメッセージを添えた。結果、クーポン利用率は従来よりも上昇。3カ月LTVが1,000円近くアップする、同社始まって以来の快挙を達成した。

• DM診断 •

ここが秀逸！

バースデーDMを見直してハガキから封書に変えたということで、コストも上がる中で思い切って取り組んだケース。封書で届くと余計にクーポンのありがたみが感じられ、使ってみようというアクションにつながったのでは。結果的にLTVがアップしたということで、DMの形状によって訴求内容がうまく機能した良い事例。

使用時のイメージを直感的に
訴えたDMで開封率アップ

届いたのはパウンドケーキ!?
リアルな商品同梱DM

» 広告主　cotta
» 制作者　カルチュア・エクスペリエンス

製菓・製パン材料の法人向け通販サイト「cotta business」を運営するcottaは、オンラインだけではリーチできない潜在顧客や新規顧客を開拓するため、商品を使用する際のイメージを直感的に訴えるDMを制作した。原寸大パウンドケーキをかたどったカードと人気の焼菓子販売用袋（実物）、鮮度保持剤をデザインした原寸大カードを添えて、保持剤サンプル100個がもらえる二次元バーコードを記載したところ、過去3回の3面圧着DMの平均開封率が1.80%弱だったのに対し、開封率2.33%と反応率が向上した。

• DM診断 •

ここが秀逸！

製品をリアルに体験できるのが良い。パウチを入れていることから丁寧さも感じられた。電子媒体では伝えられないことを、フィジカルなメディアだからこそ表現できている。ビジネスとして販売しているものの情報を正しく伝えられているDM。

ターゲットを定めARで
職場の立地と環境の良さを訴求

採用に効く!
「ターゲティング求人」タウンプラス

≫ 広告主　北海道共創パートナーズ
≫ 制作者　パラシュート

北海道共創パートナーズは、採用サイトでは反応しない「働きたい予備軍」をターゲットとしてペルソナを設定し、住民基本台帳のデータを活用して配布エリアを選定。職場から見える景色をパノラマARで掲載し、立地や環境の良さをアピールした。ARのログは週末にかけて再度読み込まれており、家族と相談し翌週に応募という検討フローが見えた。5人の採用目標に対して17人の応募があり7人を採用。

ネットにはない受動的に受け取るDMの効果を実感している。

・DM診断・

ここが秀逸!

求人系はサイトで情報を探したり応募したりというのがあたり前。情報が混雑してしまうことがある中、あえてタウンプラスで情報を発信することで、今まで就職先の選択肢に入っていなかった人にも考えるきっかけを与えることができる。新しい求人のアプローチを感じさせるDM。

顧客継続の理由は「心を捉えて
離さない」 DM施策にあり

2023年竹虎年賀状／竹虎同梱物(Instagram投稿キャンペーン)／竹虎同梱物(全国から届いたお客様の声vol.9)

≫ 広告主　竹虎 山岸竹材店
≫ 制作者　竹虎 山岸竹材店

社長自らが干支の兎に扮した「オリジナル年賀状」に始まり、商品に同梱する「お客様の声」、人気商品「鬼おろし・竹皿セットが当たるInstagramキャンペーン」など、そのどれもが個性とユーモアに溢れた施策となっている。スタッフと顧客が直接的に顔を合わせることがない通信販売だからこそ、「商品の先には人がいる」という志と理念がDMすべてに反映されており、虎斑竹専門店「竹虎」の商品やブランドに対する信頼と親しみにつながり、同社の熱心なファンを生んでいる。

・DM診断・

ここが秀逸!

DMは大企業が使うものと思われがちだが、誰にでも実施できるものだということが実感できる好事例。紙メディアで行える努力が精一杯できている。特に年賀状は、社長の伝えたいことやキャラクターが伝わって好印象だった。

こだわりカレンダーで
休眠顧客の再活性化と顧客継続化

オリジナルカレンダー

» 広告主　アズール＆カンパニー
» 制作者　キャンドルウィック

2014年から毎年カレンダーを制作しているアズール＆カンパニーは、使用する紙や台紙、製本リングの色など隅々までこだわる仕様で「出会いを大切に、長期的なサポートをしていく」という理念を込めている。2023年は動物をモチーフに、物語を感じる「大人カワイイ・綺麗」なデザインを重視。クライアント企業・求職者とのコミュニケーションツールとしても活用し、カレンダーファンも増加中。「オリジナルカレンダー」で他の転職エージェントと差別化を図る。

・DM診断・

ここが秀逸!

カレンダーの質とデザインがとても良い。紙質や箔押し加工など、隅々までこだわって制作されており、社員の人となりや会社のポリシーが伝わる素敵なDMに仕上がっている。もはやDMというよりアートともいえるクオリティの高さ。

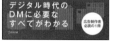

『新DMの教科書』でDMの実務知識を体系的に学び、DMマーケティングエキスパート認定資格を取得しよう!

『新DMの教科書』は現代的なDM戦略や戦術が体系的に学べ、理論に加えて実務的なノウハウや事例情報が盛り込まれた販促・マーケティング担当者等にとっての実務教本で、「DMマーケティングエキスパート認定資格試験」の公式テキストとなっております。購入は、宣伝会議ホームページやAmazonなどでお買い求めください。

資格を取るとメリットがいっぱい!!

1 マーケティングについて、「業界標準の体系的知識」の取得ができます。

　ダイレクトマーケティングの基礎、DMのメディアミックス、DMの企画立案、DM施策実施ステップ、ターゲットリスト、顧客分析、DM制作の基礎、クリエイティブ評価と改善、年間販促計画など仕事の領域が広がります。

2 理論に加えて実務的なノウハウや事例情報の獲得ができます。

　実務的なDM事例から、企画提案〜制作、印刷プロセスの提案力強化と改善の具体的戦術・知識を学べます。

3 DMマーケティングのプロとしての認定獲得ができます。

　認定証、認定資格ロゴの使用（名刺、ホームページ）などを通じて業界内、取引先へのアピールが可能です。

4 認定資格保有者（企業）としての広報などにお役立てください。

　（一社）日本ダイレクトメール協会ホームページの掲載、協会への相談問合せに対する検討候補としての紹介などがご活用いただけます。

資格の問合せ先（一社）日本ダイレクトメール協会 DMME事務局（dmme@jdma.or.jp）

全日本DM大賞 応募のためのFAQ

実際に発送されたDMを募集し、優れた作品と、その広告主・制作者を表彰する「全日本DM大賞」。
本賞は、あなたの企画したDMが客観的に評価される絶好のチャンスでもあります。
過去の受賞者からは、「自分のプロジェクトが社内で重要視されるようになった」
「DM施策が進めやすくなった」といった声もよく聞かれます。あなたもぜひ応募してみませんか。
ここでは全日本DM大賞の応募時に寄せられるご質問をまとめましたので参考にしてください。

Q 応募資格はありますか?

実際に発送されたDMの広告主、制作者であればどなたでも応募できます。複数点数の応募も可能です。なおシリーズもの、同一キャンペーンものは合わせて1点とします。

応募時は、作品1件ごとに応募フォームより必要事項を記入します。

Q 審査ではどんな点を評価しているのですか?

審査の対象は、DM作品は外封筒、同封物などすべてになります。

参考資料を添付いただいての応募も可能です。例えばDMと連動したキャンペーンサイトのプリントアウト、動画を収めたDVD、新聞広告の実物またはコピーなどを添付することができます。なお公平な審査を行うため、参考資料内に所属企業や個人名が特定できるロゴや名前の表記があった場合は審査対象外になりますのでご注意ください。

審査の過程は、一次審査(応募フォーム記載情報に基づく審査)、二次審査(二次審査委員によるスコアリング)を経て、最終審査で最終審査委員によるスコアリング、協議および投票により入賞作品を決定します。

スコアリングは、応募されたDMおよび応募フォーム記載情報に基づき、「戦略性」「クリエイティブ」「実施効果」の3項目について各審査委員が5段階で評価しています。

Q 応募料、出品料など、費用が発生することはありますか?

応募、受賞について、応募料、出品料などの費用が発生することはありません。作品をお送りいただく郵送料のみ、ご負担いただきます。

Q 郵便以外のメール便で発送しているDMも応募可能ですか?

信書に該当するものが含まれていないなどの場合は可能です。以前の入賞作品にも実績があります。

Q レスポンス率など、応募時に記入が必須の項目について、具体的な数値を書くことはできないのですが、どうすればいいですか?

必須項目は、分かる範囲で構いませんので、ご記入ください。レスポンス率など指定された項目について記入できない場合も、他の定量的効果や定性的効果などをできる限り記載してください。

なお応募フォームの記載内容は無断で公表いたしません。必須項目は審査の重要なポイントになりますので、できるだけ具体的にご記入ください。公表する場合は、事前に確認させていただきます。

Q 賞金はありますか?

賞金はありませんが、上位入賞作品は、そのDMの広告主、制作者とともに、書籍などでご紹介いたしますので、広くパブリシティできるメリットがあります。また贈賞式、贈賞パーティーへのご招待などもございます。

次回の全日本DM大賞の詳細については、2024年夏頃より順次発表していく予定です。詳細は全日本DM大賞の公式サイト https://www.dm-award.jp/ などをご覧ください。応募・審査の方法については、変更になる可能性もあります。

徹底解説！
エントリーシートの書き方のポイント

あなたのDMのよさは、エントリーシートから審査委員に伝わっていますか？
このコーナーでは、エントリーシートの書き方および審査委員の注目ポイントを解説します。
今回惜しくも入賞を逃した方、そして来年度の応募を考えている方もぜひご活用ください。

この部分で印象の大部分は決まる！「実施概要」編

全日本DM大賞の審査では、一次審査で応募数全体から約7分の1へと数が絞り込まれるが、この審査はエントリーシートのみによって行われる。数多くの作品を見ていく中で、印象の大部分を決定づけるのが、冒頭の「実施概要」部分だ。

「作品名」は、審査委員が最初に目にする部分。概要・アピールしたい内容（成果など）が端的に盛り込まれていれば、審査委員の理解が早まる。このサンプルでは入っていないが、「ROI何％」などと数字を入れた応募作品も実際には多い。

「ターゲット」のポイントは、どのような条件で絞り込みをかけているか。「例えば、購買履歴や行動データの活用など、ターゲットの絞り込みにデータをどう活用したか、それが戦略の中でどう位置づけられているかもしっかりと記入を」と最終審査委員である日本ダイレクトメール協会の椎名昌彦専務理事は話す。

そしてこのエントリーシート全体で最も重要なのが、「実際概要」欄。「審査委員はこの欄から全体像をつかむ。丁寧かつコンパクトに、アピールしたい点をわかりやすく伝えましょう」（椎名氏）。

書き方に悩む難関ポイント「実施効果」編

「実施効果」は実際の数値を書き込む必要があるため、どこまで情報を開示すべきか迷う方も多いところ。「開示しにくい部分もあるところですが、審査においては重要で議論の対象になる部分です。できる範囲で公開してほしい」（椎名氏）。

応募作品が入賞した場合、本年鑑などでDM作品の情報が公開されることになるが、その際は数値情報を非表示にすることも可能。審査段階ではできる限り実際の数値情報を記載することが、審査を通過する確率を高める。

実施効果の中でも中心的な数値となるのが「レスポンス率」。実際の数値が好ましいが、難しければ「従来比」「前回比」「対目標値」など、実際の数値に準じる評価を記入することで、どのようなインパクトが出たのか審査委員が推定できる。出せる数字は何があるかを考えながら、なるべく細かく記載していきたい部分だ。

また、「DMにより得られた効果、お客様の声など」には、お客様から寄せられた声やSNSでの反響を記載することで、審査委員の印象に残りやすくなる。具体的な声があれば、ぜひ記載を。

ターゲット
新規でも既存顧客でも「どのような」条件で設定したかが戦略上のポイントに。

実施期間
キャンペーンやオファーの設定をしている場合は、その期間も含めて記入を。複数信のシリーズの場合も、施策全体の期間がわかるように。

実施概要
重要！審査委員はこの欄から全体像をつかむ。丁寧かつコンパクトに、アピールしたい点を分かりやすく伝えるよう心がけよう。

実施経費
制作・印刷・オファー・発送・反応処理など含めたプログラム全体のコスト。審査項目の「実施効果」とも連動し、その根拠となる重要な部分。

発送数
同じように高いレスポンス率でも、発送数が数十〜100通など少ない場合よりも、数万通規模などで成果を出した施策の方が評価はされやすい。複数信の場合はそれぞれ記入を。

実施効果
審査の3本柱のひとつ。できる範囲で公開を。開示しにくい部分もあるところだが、審査においては重要で議論の対象になる部分。

※解説用に作成した架空の「紅茶お試しサンプルDM」のエントリーシートです

第 38 回全日本ＤＭ大賞エントリーシート

受付番号 2000003

作品名	紅茶お試しサンプルDM
DMの役割	主に継続顧客化 （Web・モバイル誘導）

ターゲット
（ペルソナ・ユーザーモデル）　　過去1年間で店舗でギフトをお申し込みいただいたことがある方

実施期間　　2023/6/1　　　　　　　　　　　〜　　2023/7/31

実施概要　　DMを企画した目的・背景、DMに期待した効果、工夫した点や苦労した点、実施結果に対する評価など

当社は紅茶の老舗であるが、従来の店舗だけでの販売が年々低下しており、新たな販売ルートとして通販を実施することとした。しかし、既に多くの紅茶販売サイトがある中で、当社を選んでいただくためには、実際に紅茶を試していただくことが一番と思い、製品サンプルを入れられるDMによる販促を行うこととした。

商品情報

商品（サービス）名　　紅茶ギフトセット

商品（サービス）の価格（平均購入単価）　　　　　　4,000 円　価格（平均購入単価）が算出できない場合、斜線

実施経費　　　　　1,000,000 円　費用項目　DM制作費/郵送料/Web広告費
（不明の場合は斜線をご記入ください）

発送数　　　　　4,000 通

実施効果

レスポンス数	400	**CPR** （1回のレスポンスを得るための費用） 費用÷レスポンス数	2,500
注文者数	400	**CPO** （1回の注文を得るための費用） 費用÷注文数	2,500
売上	3,200,000 円	平均顧客単価	8,000 円
レスポンス率	10 %	顧客LTV	24,000
上記のレスポンス数の測定項目	注文・申込みの件数		

DMにより得られた効果、お客さ

DMを受け取ったお客さまからは「以ど、たくさんの方から評価の声をい

商品情報

商品（サービス）説明　商品（サービス）の特別

アールグレイなど人気のフレーバーを味しさと香りがしっかりと出て、本格

マーケティング戦略

このDMで、解決したかった課題など

DMはお中元選びが始まる6月に送付。いただける可能性が高いと思い、1年を味わうことは少ない。しかし、自らファーとしてサンプルを同梱した。

クリエイティブ

クリエイティブ（コピー、デザイン、パッケージのサ

サンプルを入れることで封筒に膨らうにするため、サンプル発送用にパえるため、紅茶が健康にあたえる効

クロスメディア

クロスメディア（他のメディアとの連動）を実施した場合また、ソーシャルメディアとの連動を実施した場合は

他に利用したメディア

キャンペーンWebサイト/SEO/Web

メディアの組み合わせ方及び結果

キャンペーン用のWebサイトを用意に予算をかけるよりもWeb広告だけのを見て注文した」と回答しているこ

その他

DMを継続して利用している理由や、DMに期待して

購入を決めた理由として「サンプルルが重要な役割を果たしたと考えてわせて今後も使用したい。

レスポンス数・売上

推定値・概算でもOK。

レスポンス率

実施効果の中では中心的な数値。実際の数値が好ましいが、難しければ「従来比」「前回比」「対目標値」等実際の数字に準じる評価の記入を。

CPR・CPO・平均顧客単価・LTV

審査上プラスになるため、できれば記入してほしい部分。

DM により得られた効果、お客様の声など

お客様からの生の声は審査委員の印象に残りやすい。あればなおよい。

──シート　受付番号　2000003

─る方

./7/31

価など
な販売ルートとして通販を実施するこ
くためには、実際に紅茶を試していた
した。

入単価）が算出できない場合、斜線

郵送料/Web広告費

のの費用） 数	2,500
（の費用）	2,500
	8,000 円
	24,000

DMにより得られた効果、お客さまの声など

DMを受け取ったお客さまからは「開けた瞬間に紅茶の香りが広がって驚いた」「小冊子の情報が参考になった」など、たくさんの方から評価の声をいただけた。　サンプルや小冊子が購買に与える影響の大きさを実感した。

商品情報

商品（サービス）説明　商品（サービス）の特徴について

アールグレイなど人気のフレーバーを集めたオリジナルの紅茶セット。三角型のティーバッグなので、茶葉がよく動き美味しさと香りがしっかりと出て、本格的な味が気軽に楽しめる。

マーケティング戦略

このDMで、解決したかった課題など

DMはお中元選びが始まる6月に送付。過去に店舗でギフトをお申し込みいただいたことのある方ならWebでも申し込んでいただける可能性が高いと思い、1年以内にギフト商品を購入された方を対象とした。ギフトを贈られる方は自らその商品を味わうことは少ない。しかし、自ら味わって納得してもらえればギフトを利用していただける可能性が高いと思い、オファーとしてサンプルを同梱した。

クリエイティブ

クリエイティブ（コピー、デザイン、パッケージのサイズ、組成など）のコンセプト、工夫した点、こだわった点、苦労した点などについて

サンプルを入れることで封筒に膨らみをもたせ、開けてみたくなるような効果を狙った。また、紅茶の風味を失わないようにするため、サンプル発送用にパッキングの工夫を行い、香りのよさも届けた。コーヒーや緑茶と違う紅茶の魅力を伝えるため、紅茶が健康にあたえる効果をまとめた小冊子も作成し同封した。

クロスメディア

**クロスメディア（他のメディアとの連動）を実施した場合は、どのようなメディアを対象にし、DMとどのように組み合わせ、どのような効果が得られたかなどについて
また、ソーシャルメディアとの連動を実施した場合は、どのように波及し、共有されたかといった効果**

他に利用したメディア

キャンペーンWebサイト/SEO/Web広告

メディアの組み合わせ方及び効果

キャンペーン用のWebサイトを用意したが、検索上位に表示されなかったためSEOで表示順位を適正化した。当初はDMに予算をかけるよりもWeb広告だけの方がよいのでは、という意見もあったが注文時のアンケートで7割以上の方が「DMを見て注文した」と回答していることから、DMとデジタル施策との併用が効果的であった。

その他

DMを継続して利用している理由や、DMに期待していることについて

購入を決めた理由として「サンプルの紅茶がおいしかったから」という回答が多かったことからも、DMに同封したサンプルが重要な役割と果たしたと考えている。デジタルはデジタルの、DMにはDMのよさがあると実感したので効果的に組み合わせて今後も使用したい。

メディアの組み合わせ方及び効果

積極的に DM と他メディアの統合運用を意図している場合、戦略的な評価は高くなる。

商品情報

商品自体の訴求ポイントの説明など、戦略に関わる部分。DMの背景についての審査委員の理解をサポート。

マーケティング戦略

審査の3本柱のひとつ。近年の審査で重視される度合いが高まっている。DMが生まれた背景や理由、目的をしっかり語る。

クリエイティブ

審査の3本柱のひとつ。DM制作上での「売り」をアピール。力を入れた部分、反応を取るための工夫、クリエイティブ上の仕掛けの説明など。

クロスメディア

近年重要性が高まっている要素。DM単体ではなく他のメディアと一緒に使用した統合キャンペーンでの役割、他メディアと連携などがあれば記入を。

他に利用したメディア

マス広告や折込チラシとの同時投入による相乗効果や、DM+メール、DM+電話など組み合わせた使い方も。

その他

できれば記入してもらいたい部分。審査上プラスになる。

制作・実施背景を細やかに補足する
「マーケティング戦略・クリエイティブ」編

「マーケティング戦略」と「クリエイティブ」は、「実施効果」と並ぶ審査の3本柱だ。特に「マーケティング戦略」は、近年ますます審査での重視の度合いが高まっている。

「クリエイティブの情報は審査で現物を見れば分かります。しかし戦略や成果については、見ただけではわからず、エントリーシートに記載がないと理解ができません。ですから、この部分がわざわざ応募用紙に記載すべき重要なパートである、ということです」(椎名氏)。

「マーケティング戦略」の記入内容を読むことで、審査委員はこのDMが生まれた背景や理由、目的を理解しようとする。ターゲット選定やクリエイティブのテーマ設定、キャンペーンの仕組みなど、「なぜこのような切り口のDMにしたのか」という戦略を定めた経緯が簡潔にまとまっていると、納得感が生まれる。

「クリエイティブ」は、現物から伝わる部分も多いが、制作側として特に力を入れた部分や工夫をした点、ターゲットに響かせるための仕掛けなどを記入することで、DMの受け取り手の気持ちを想像しながら審査ができる。

書き方次第で戦略性に加点あり
「クロスメディア・その他」編

データドリブン時代と言われるようになってから、他メディアとの連携の方法も多様化・高度化している。パーソナライズなど高度な連携については、「クロスメディア」に記入することで戦略面での評価に大きく加点されることがある。キャンペーンサイトとの連携は応募作品に多く見られるが、「メディアの組み合わせ方及び効果」に二次元コードを読み取ってもらうためのデザインの工夫や、誘導先のWebページの操作の仕方をDMでわかりやすく説明するなどの工夫を記入することで、加点されることも。

「コロナ禍になって以降、リアルのイベントがオンラインイベントに置き換わり、プロモーションのプラットフォームもWebに移行しました。商品の購入の場も、リアル店舗からECへと移行しています。それに伴って、DMもデジタル上のプラットフォームに誘導する役割を持つことが増えました。DM単体というより、いわば『DMとWebの合わせ技』で一つのプロモーションとなっている事例が非常に増えている印象です。両者が渾然一体となってどう効果を発揮するか、全体の中でのDMの役割について、踏み込んだ形で記載していただきたいところです」(椎名氏)。

全日本DM大賞のサイトでは、椎名氏のインタビューが映像で見られるほか、過去受賞企業の実際のエントリーシートを題材に、よかった点を最終審査委員が解説するコンテンツも公開中なので、そちらも併せてぜひ参照してほしい。

83

審査委員紹介 （順不同・敬称略）

審査委員長

恩藏 直人
早稲田大学　商学学術院 教授

全日本DM大賞での入賞作品といえば、これまで大胆な仕掛けでインパクトのあるものが多かった。しかし、SDGsの浸透などもあり、明確な変化が生じている。例えば、紙の使用量を減らす工夫はその一つ。一方で、ターゲットの絞り込みやSNSとの連動など、戦略面や分析面での高度化が進んでいる。ABテストを独自に実施し、精度を高める企業もある。DMの舞台裏ともいえる見えない部分での重要性が高まっている。

最終審査委員

明石 智子
マーケティングコンサルタント

ここ数年、BtoB DMの躍進が顕著でしたが、今回はBtoCが盛り返してきました。課題・目的を絞り込み、顧客理解を深めた上で手元にカタチが届くDMでアプローチして顧客の気づきを獲得。デジタルや店頭、イベントなどへ橋渡しをするDMの役割がますます重要になった印象です。DMになじみが薄い若年層に向けて、DMならではの体験力で心を掴み、強い印象を残すDMに、さらなる進化の可能性を感じました。

岡本 欣也
オカキン
コピーライター／
クリエイティブディレクター

DM大賞の審査に初めて参加させていただきました。ここだけの話「ぜんぶつまらなかったらどうしよう」と内心怯えていたのですが、それがまったくの杞憂であることを審査開始後数分で理解しました。DMでしか表現できないクリエイティブが数え切れないほどあって、紙ならではの温もりや企みがあって、どの分野にも引けを取らない精緻なブランディングなんかもあって、このジャンルの豊穣さにむしろ仰天しました。すごいなDM。

音部 大輔
クー・マーケティング・カンパニー
代表取締役

今年は嗅覚や触覚、味覚など複数の感覚を動員する作品は見られませんでしたが、物性をともなうコミュニケーション媒体という特徴は健在です。ロイヤルユーザーなど固有のターゲットに訴求したり、DMに直接書き込むなどインタラクティブな仕掛けを用意したり、家族で囲んで会話を促したり、ユニークな知覚刺激として活躍しました。マーケティング活動の全体設計の中で、固有の役割を付与される傾向が高まっている様子がうかがえます。

加藤 公一 レオ
売れるネット広告社
代表取締役社長 CEO

20年以上デジタルの世界にいる私が言うのはタブーかもしれないが、メルマガをはじめとしたデジタルCRMはつまらない・冷たい・ワンパターン。全日本DM大賞の審査をやって思うのは、アナログなDMは面白い・温かい・オリジナル。DMは単純に告知だけではなく"遊ばせる・記入させる・保存させる"などなどデジタルには到底マネができないアナログが強み。『デジタルの時代だからこそアナログのDM』がこれからは強いのです！

上島 千鶴
Nexal
代表取締役

今年の審査はtoC、toBにかかわらず「顧客解像度や理解度の高さ」「商材の時間軸とタイミング」「シナリオ動線」が素晴らしかったです。作品のクリエイティブだけではなく、お客様の状況や状態に合わせて相手に響くDMコミュニケーションを行い、マインド設計と動線がどの作品にも用意されていました。お客様一人ひとりに合わせるとデータ活用は必須ですが、マーケ基盤整備と同時にDMの可能性が広がった印象を受けました。

椎名 昌彦
日本ダイレクトメール協会
専務理事

コロナ禍後ということで、対人営業の復活のためかBtoB作品は落ち着きを見せ、BtoC作品が多く、テーマとしてはクロスセルやロイヤルティ目的のDMが目立ちました。最近の傾向として顧客データの取得や分析は大きく進化しており、特に金賞受賞作中心に顧客の深い理解に裏付けられたメッセージやオファーの仕掛けなどが見られました。今年は全体的にコンパクトにまとまった作品が多かったように思いますが、次回は型破りなDMも期待したいです。

藤原 尚也
アクティブ
CEO

今回の金賞作品の多くは、ターゲットの心理を深く理解され、クリエイティブ、タイミング、アクションがストーリー性ある作品でした。また、他の受賞作品も、デジタルを含めたターゲットとの接触媒体の中で、紙のDMとして、サービスをどう理解してもらい、次にどうアクションしてもらうかのメッセージがはっきりと伝わる作品が多くありました。今後も、顧客をより理解し、クロスメディアでのストーリーに期待します。

宮野 淳子
MJ
代表取締役社長 CEO

DM自体のクリエイティブのインパクト強化、開封してもらうためのギミック、届いたDMを楽しんでいただく手法など、DMそのものの役割を広げる取り組みが見られました。より受け手の視点を重視し、DMの質向上に真剣に取り組まれていることを実感できる機会でした。来年はさらにアップグレードされた作品が届くのではないかと今から楽しみです。

馬場 慎一郎
日本郵便
郵便・物流営業部
郵便・物流マーケティング室長

応募された作品を拝見し、職場や家庭などで一緒に楽しめたり、共有・共感できる内容になっていることが魅力的なDMのポイントだと感じました。また、受け取るタイミングとストーリー性・意外性がうまくマッチしていることも、効果的なDMのポイントだと思いました。今後も、デジタルを活用しつつ、DMの特徴である保存性の良さ、閲覧性の高さ、共有のしやすさなどを生かした、コミュニケーションの幅がさらに広がるDMを期待しています。

二次審査委員

岡本 幸憲
グーフ
代表取締役 エバンジェリスト

toB、toCにかかわらず、目的を正確に伝える文脈を意識した作品が多かったことを、とても嬉しく思えた年でした。利己的なばら撒きではなく、顧客との関係性を意識しその心を丁寧にお伝えしたいからこそ、リアルなメディアを選び正しく活用する行動と効果はDMの本質ですね。次回は顧客との関係性を長い時間軸で見据え、デジタルとの補完関係がうまくデザインされた施策（作品）が増えるのでは?と今からワクワクしています。

奥谷 孝司
顧客時間　共同CEO 取締役
オイシックス・ラ・大地
専門役員COCO
イー・ロジット　社外取締役

お客さまの五感を刺激することができるコミュニケーションツールDM。このタッチポイントのパーソナライズ化、デジタル化が当たり前になり、データドリブンなマーケティングツールに進化しています。つまりDMは顧客と直接つながり、共感を生み出すことができるという大きな可能性を秘めています。だからこそより温かく、顧客の心を揺さぶる企画をつくっていきましょう。DMの未来は明るい。だからもっと熱いDMづくりを期待しています。

隈元 夏葉子
グロースデータ
ビジネスデザイン本部
グロースデザイン2部
部長

今回2回目の審査に加わらせていただきましたが、今年は大型のものが多いなど、年度によって傾向があることを知りました。応募作品それぞれは「個別に手にとってお知らせする魅力」を最大化するよう工夫され、情報訴求にとどまらない「顧客体験」も意識されていると感じました。DMは特にF2転換を促進するものが多いと思いますが、LTV最大化に向け工夫されたものも見てみたいと思います。

齋藤 愛
富士フイルム
ビジネスイノベーションジャパン
グラフィックコミュニケーション販売推進部
ニューインダストリーグループ グループ長

データに基づいて顧客を深く理解し、DMの目的に応じた適切なセグメントごとに緻密にプランニングされた作品が多く見られました。一方、デジタルなど他施策を含めた企業と顧客とのコミュニケーションの全体設計という点ではまだ可能性を感じます。パーソナライズされたコンテンツの重要性が高まる今、コンテンツサプライチェーンにおける効率化も課題です。デジタルとアナログ融合の最適解へのさらなる挑戦を期待しています。

末次 一子
電通ダイレクト
ソリューション室
戦略プランニング1部長
CRMコンサルティングディレクター

全体を拝見して漸くコロナ禍の影響を抜けたような解放感を覚えました。BtoBの作品や立体的で触覚や視覚に訴える作品が増え、戦略性の高さも相まり多様な表現で応募作品が進化しています。一方、市況の悪化に向き合い、コストを見直して成果を出した作品も数点ありました。シンプルでも機能的でスムーズな動線のDMは、清々しいほど分かりやすく印象深いものでした。今後も変化と課題に的確に向き合った多様な作品を期待しています。

沼田 美穂
TOPPANエッジ
企画販促本部総合販促部
アートディレクター

顧客データ分析に基づいた緻密な戦略により、受け取り手の気持ちを理解し、実際には会っていないのにいつも会っているような気持ちに寄り添ったDMが多いと感じました。ほかにも思わず試してみたくなってしまうゲームを活用した体験型DMも印象的でした。今回初めて審査に関わらせていただきましたが、大切な人の手元に直接届くDMコミュニケーションの価値を再認識する機会となりました。デジタルでの情報が溢れる今だからこそ、お客様の心に届く、DMの可能性に期待しています。

吉川 景博
フュージョン
アカウントリレーショングループ
エグゼクティブマーケティング
ディレクター

ここ数年BtoBのDMが目立っていましたが、今年はBtoC向けが上位入賞に目立ちます。お金をかけ凝ったギミックなどなくても、最後まで読み進めやすいストーリーやベネフィット訴求〜具体的なアクションまでを、顧客視点に立ちしっかり設計された作品が多くありました。コストがかかるDMをわざわざ送る意味を理解し、デジタルと組み合わせながら、受け手の期待値を超えるDMならではの「顧客体験」をお届けする、そんな意味のあるDMに今後期待しています。

米村 俊明
電通
ラジオテレビビジネスプロデュース局
シニアプロデューサー
日テレ7出向

今年は、自治体DMの新たな可能性、ハガキは「開封の手間すらない」情報伝達手段との再認識、顧客データを把握しやすい通信業・金融業のDM手法の原点（適切な対象者選定・投下時期・特典・表現）回帰による効果的な販促作品が印象的でした。一方、過度な個人情報の利用や、二次元バーコード依存、廃棄時の分別方法への配慮などの課題も散見しました。次回も生活者に寄り添いながら効果的な作品に出会えることを期待します。

小峰 悟
日本郵便
郵便・物流営業部
郵便・物流マーケティング室
DM振興担当

相手のことをイメージし、受け取った後どのように感じ、どのように行動するかまでを考えた作品が多いと感じました。相手に合わせ紙質や形状、デザインなど丁寧に作り込みができ、直接届くことは、DMの大きな魅力だと思います。DMならではの良さを生かし成果を上げることはもちろんですが、DMの新しい使い方や他メディアとの連携など、DMの可能性が広がり、驚きを与えるような作品と出会えることを次回も期待しています。

過去の入賞作品も検索できる!
全日本DM大賞の公式サイトを活用しよう

全日本DM大賞の公式サイトには、過去の入賞作品のデータベースや、受賞者のインタビューなど応募に役立つさまざまなコンテンツが掲載されています。ぜひご活用ください。

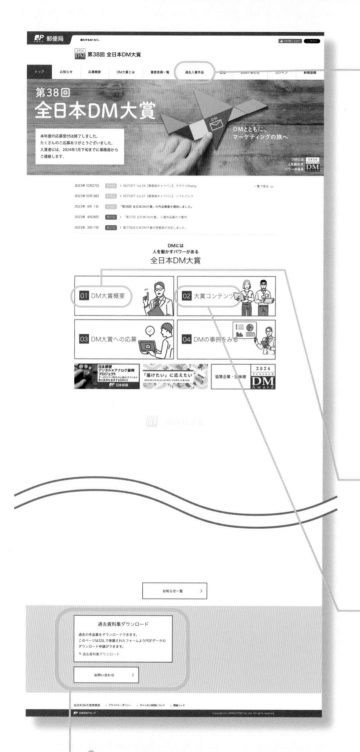

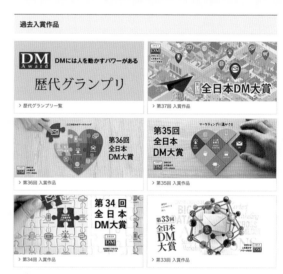

過去入賞作品

第26回以降の入賞作品を写真つきで公開しています。

歴代グランプリをはじめ、第26回～第37回の入賞・入選作品を掲載しています。

DM 大賞概要

賞の概要のほか、エントリーシートの書き方についての詳細解説など、応募に直接役立つコンテンツが充実しています。

大賞コンテンツ

DM 施策に取り組む日本各地の企業を対象に、DM の制作体制や直近の DM 事例についてインタビューを行う「事務局キャラバン」企画では、DM の企画制作の現場について知ることができます。

「過去資料集ダウンロード」からは、全日本 DM 大賞ダイジェストブック（本年鑑のダイジェスト版）がダウンロードできます。

Q DM大賞

第 3 部

ヒト・モノが動く！
効果の上がる
DMの秘訣

88 　DATA
　　DMメディア実態調査2023（抜粋）

　　1週間のDM受け取り通数（自宅合計）

　　DMの宛先

　　DM送付元の業種

　　DMとEメール・メルマガの閲読状況

　　自分宛のDM閲読状況

　　開封・閲読するDM・Eメールの情報内容

　　DMのタイプ・形態（自宅合計）

　　自分宛のDM閲読後の行動

　　自分宛のDM閲読後の行動理由

　　自分宛のDM閲読後の扱い

　　自分宛のDM保管理由

　　ワン・トゥ・ワンメッセージのパーソナライズ開封意向

　　メディアアクセスDMの受け取り・アクセス経験

DMメディア
実態調査2023（抜粋）

日本ダイレクトメール協会が毎年実施している調査の最新データの中から、
DMの種類や閲読状況、生活者のDMに対する意識や
行動喚起傾向などについて紹介。プランニングや提案書作成の参考にしたい。

「DMメディア接触状況・効果測定に関する調査」
調査期間	2023年 12月5日〜7日（事前調査） 12月8日〜25日（本調査）
調査対象	関東エリアの20〜59歳男女
調査方法	インターネットリサーチ
有効回答数	11,935サンプル（事前調査） 200サンプル（本調査）
調査機関	マクロミル

（一社）日本ダイレクトメール協会 実施

DATA 1
1週間の
DM受け取り通数
（自宅合計）

自宅受け取りは平均8.2通

「5通未満」が大多数の68%を占めた。平均受け取り通数は8.2通で、性年代別で見ると男性20代と40代、女性50代などが多い。世帯年収別では年収が高いほど多い傾向にある。

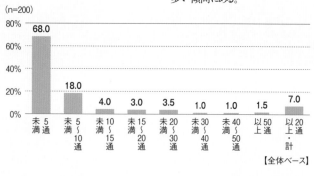

（n=200）
【全体ベース】

DATA 2
DMの宛先

- 宛名なし 7.0%
- その他の家族宛 8.5%
- 子ども宛 5.6%
- 配偶者宛 13.5%
- 自分宛 65.3%

（回答者n=181、DM数n=1647）
【全DM数ベース】

最も多い宛先は「自分」

受け取ったDMの宛先で最も多いのは「自分宛」で65%。以降、「配偶者宛」（14%）、「その他の家族宛」（9%）と続く。

DM発送元の業種、ダントツは「通信販売メーカー」

DATA 3
DM送付元の業種

DMの送付元の業種のうち、最も多いのは「通信販売メーカー」で14%、続いて「保険関連」（8%）、「不動産・住宅・設備関連」（7%）、「食料品メーカー・食料品店関係」（6%）、「衣料品・アクセサリー・時計関係」（6%）、「塾・通信教育・カルチャーセンター関連」（6%）、「デパート・スーパーなど流通関係」（6%）が続く。

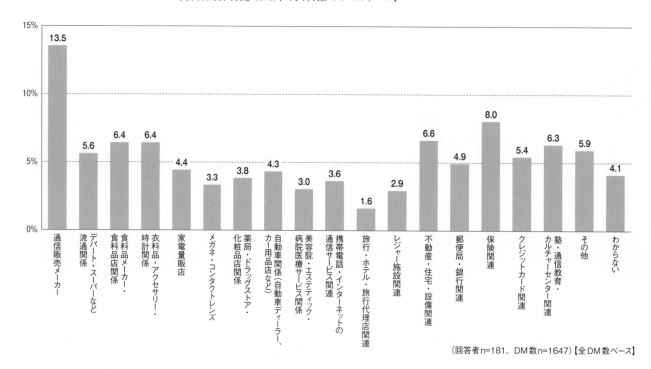

（回答者n=181、DM数n=1647）【全DM数ベース】

DATA 4
DMとEメール・メルマガの閲読状況

閲読率の高さがDMの特長

DMが届くと「ほとんど開封して目を通す」が44%で最多なのに対し、Eメール・メルマガは21%にとどまる。Eメール・メルマガの最多は「タイトルを見て読むかどうか決める」（41%）だった。このことからもDMの閲読率の高さがうかがえる。男女別ではDMを「ほとんど開封して目を通す」割合は男性の方がやや高く、性年代別で高いのは男性40代、男性20代、女性30代など。

◆ **ダイレクトメール** ◆ (%)

		ほとんど開封して目を通す	封筒やはがき、Eメールのタイトルを見て読むかどうか決める	差出人や企業名を見て読むかどうか決める	ほとんど開封せずに捨てる、削除する
	全体(200)	43.5	28.5	19.5	8.5
性別	男性(102)	44.1	29.4	18.6	7.8
	女性(98)	42.9	27.6	20.4	9.2
性年代別	男性20代(16)	56.3	6.3	25.0	12.5
	男性30代(30)	30.0	46.7	16.7	6.7
	男性40代(25)	60.0	16.0	20.0	4.0
	男性50代(31)	38.7	35.5	16.1	9.7
	女性20代(21)	38.1	28.6	14.3	19.0
	女性30代(25)	56.0	20.0	20.0	4.0
	女性40代(32)	37.5	31.3	18.8	12.5
	女性50代(20)	40.0	30.0	30.0	
未既婚子ども有無別	未婚(100)	45.0	29.0	19.0	7.0
	既婚子どもなし(34)	38.2	20.6	26.5	14.7
	既婚子どもあり(66)	43.9	31.8	16.7	7.6
世帯年収別	H(900万円以上)(55)	47.3	18.2	20.0	14.5
	M(500～900万円未満)(64)	42.2	35.9	17.2	4.7
	L(500万円未満)(64)	40.6	29.7	20.3	9.4

【全体ベース】

◆ **Eメール・メルマガ** ◆ (%)

		ほとんど開封して目を通す	封筒やはがき、Eメールのタイトルを見て読むかどうか決める	差出人や企業名を見て読むかどうか決める	ほとんど開封せずに捨てる、削除する
	全体(200)	21.0	40.5	27.0	11.5
性別	男性(102)	20.6	42.2	24.5	12.7
	女性(98)	21.4	38.8	29.6	10.2
性年代別	男性20代(16)	31.3	37.5	18.8	12.5
	男性30代(30)	13.3	56.7	20.0	10.0
	男性40代(25)	36.0	20.0	24.0	20.0
	男性50代(31)	9.7	48.4	32.3	9.7
	女性20代(21)	23.8	38.1	23.8	14.3
	女性30代(25)	20.0	32.0	44.0	4.0
	女性40代(32)	25.0	43.8	25.0	6.3
	女性50代(20)	15.0	40.0	25.0	20.0
未既婚子ども有無別	未婚(100)	21.0	44.0	21.0	14.0
	既婚子どもなし(34)	23.5	26.5	38.2	11.8
	既婚子どもあり(66)	19.7	42.4	30.3	7.6
世帯年収別	H(900万円以上)(55)	23.6	30.9	29.1	16.4
	M(500～900万円未満)(64)	21.9	48.4	25.0	4.7
	L(500万円未満)(64)	23.4	37.5	25.0	14.1

【全体ベース】

凡例：ほとんど開封して目を通す ／ 封筒やはがき、Eメールのタイトルを見て読むかどうか決める ／ 差出人や企業名を見て読むかどうか決める ／ ほとんど開封せずに捨てる、削除する

DATA 5
自分宛のDM閲読状況

閲読率の高い業種は「自動車関係」や「通信サービス関連」

自分宛のDMの閲読率は75%。差出人業種別に見ると、ばらつきはあるものの多くは6割～9割に上った。閲読率の高い業種は、「自動車関係（自動車ディーラー、カー用品店など）」（95%）や「携帯電話・インターネットの通信サービス関連」（92%）、「家電量販店」（90%）など。逆に低いのは、「塾・通信教育・カルチャーセンター関連」（40%）など。

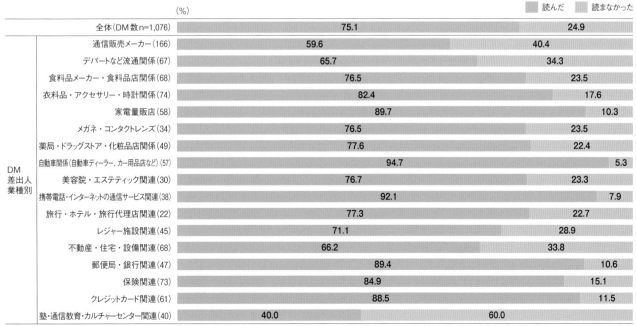

(%)　　　■ 読んだ　■ 読まなかった

		読んだ	読まなかった
	全体(DM数n=1,076)	75.1	24.9
DM差出人業種別	通信販売メーカー(166)	59.6	40.4
	デパートなど流通関係(67)	65.7	34.3
	食料品メーカー・食料品店関係(68)	76.5	23.5
	衣料品・アクセサリー・時計関係(74)	82.4	17.6
	家電量販店(58)	89.7	10.3
	メガネ・コンタクトレンズ(34)	76.5	23.5
	薬局・ドラッグストア・化粧品店関係(49)	77.6	22.4
	自動車関係(自動車ディーラー、カー用品店など)(57)	94.7	5.3
	美容院・エステティック関連(30)	76.7	23.3
	携帯電話・インターネットの通信サービス関連(38)	92.1	7.9
	旅行・ホテル・旅行代理店関連(22)	77.3	22.7
	レジャー施設関連(45)	71.1	28.9
	不動産・住宅・設備関連(68)	66.2	33.8
	郵便局・銀行関連(47)	89.4	10.6
	保険関連(73)	84.9	15.1
	クレジットカード関連(61)	88.5	11.5
	塾・通信教育・カルチャーセンター関連(40)	40.0	60.0

【本人宛DM数ベース】

DATA 6
開封・閲読するDM・Eメールの情報内容

開封・閲読率が高いのは「役所からの案内」や「お得感のある情報」

購入や利用経験のある企業・団体からのDM、Eメール・メルマガについて聞いたところ、いずれも90%前後が目を通すとしている。具体的な内容別で見ると、「役所や行政からの案内」のほか、「商品・サービスの 利用明細・請求書」「クーポンの案内・プレゼント」「特売・セール・キャンペーンの案内」などの開封・閲読の割合が高く、お得感のある情報への関心が高かった。

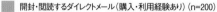 開封・閲読するダイレクトメール（購入・利用経験あり）(n=200)　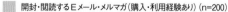 開封・閲読するEメール・メルマガ（購入・利用経験あり）(n=200)

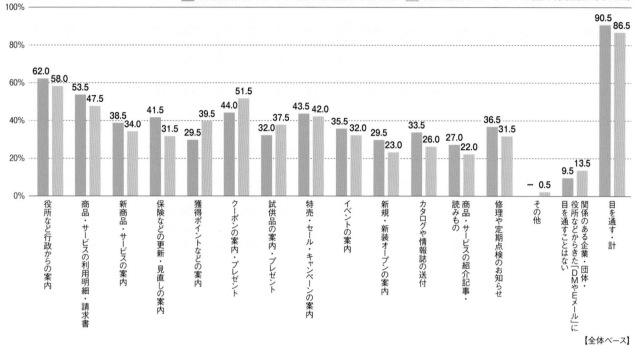

情報内容	ダイレクトメール	Eメール・メルマガ
役所など行政からの案内	62.0	58.0
商品・サービスの利用明細・請求書	53.5	47.5
新商品・サービスの案内	38.5	34.0
保険などの更新・見直しの案内	41.5	31.5
獲得ポイントなどの案内	29.5	39.5
クーポンの案内・プレゼント	44.0	51.5
試供品の案内・プレゼント	32.0	37.5
特売・セール・キャンペーンの案内	43.5	42.0
イベントの案内	35.5	32.0
新規・新装オープンの案内	29.5	23.0
カタログや情報誌の送付	33.5	26.0
商品・サービスの紹介記事・読みもの	27.0	22.0
修理や定期点検のお知らせ	36.5	31.5
その他	―	0.5
関係のある企業・団体・役所などからきた「DMやEメール」に目を通すことはない	9.5	13.5
目を通す・計	90.5	86.5

【全体ベース】

DATA 7
DMのタイプ・形態（自宅合計）

過半数は「はがき」、業種によって「小包」や「大判の封書」の活用も

DMをタイプ・形態別に見ると、「はがき」（24%）の割合が最も高く、「圧着型のはがき」「A4サイズはがき（圧着含む）」を合わせると55%を占めた。差出人業種別では、メガネ・コンタクトレンズで「はがき」の割合が最も 高かった。また「小包」の割合が最も高いのは「衣料品・アクセサリー・時計関係」。「大型の封書」は「旅行・ホテル・旅行代理店関連」が多用していた。

	(%)	はがき	圧着型のはがき	A4サイズはがき	圧着型のA4サイズはがき	大型の封書(A4サイズ以上)	封書(A4サイズ未満)	小包	その他
	全体(DM数n=1,647)	24.2	17.7	8.1	5.0	12.4	18.4	2.9	11.4
閲読状況別	読んだ(1,067)	23.6	20.9	6.5	6.3	11.3	21.5	4.0	5.9
	読まなかった(580)	25.2	11.9	11.2	2.6	14.3	12.8	0.7	21.4
DM差出人業種別	通信販売メーカー(222)	32.9	7.7	11.3	3.6	15.3	9.5	2.7	17.1
	デパートなど流通関係(92)	41.3	28.3	6.5	1.1	2.2	4.3	7.6	8.7
	食料品メーカー・食料品店関係(106)	25.5	14.2	10.4	4.7	10.4	7.5	3.8	23.6
	衣料品・アクセサリー・時計関係(106)	34.0	23.6	8.5	5.7	4.7	8.5	9.4	5.7
	家電量販店(72)	30.6	27.8	9.7	8.3	4.2	11.1	2.8	5.6
	メガネ・コンタクトレンズ(54)	42.6	33.3	11.1	3.7	1.9	1.9	1.9	3.7
	薬局・ドラッグストア・化粧品店関係(62)	25.8	24.2	4.8	12.9	6.5	3.2	6.5	16.1
	自動車関係(自動車ディーラー、カー用品店など)(71)	22.5	8.5	11.3	19.7	12.7	21.1	1.4	2.8
	美容院・エステティック関連(50)	28.0	22.0	2.0	8.0	18.0	8.0	2.0	12.0
	携帯電話・インターネットの通信サービス関連(59)	11.9	23.7	11.9	8.5	8.5	20.3	3.4	11.9
	旅行・ホテル・旅行代理店関連(26)	11.5	11.5	3.8	30.8	34.6			7.7
	レジャー施設関連(48)	14.6	12.5	4.2	2.1	16.7	18.8	2.1	29.2
	不動産・住宅・設備関連(109)	19.3	11.9	11.9	6.4	22.9	19.3	0.9	7.3
	郵便局・銀行関連(80)	15.0	10.0	5.0	5.0	10.0	53.8		1.3
	保険関連(132)	15.9	31.1	3.8	2.3	12.1	30.3		4.5
	クレジットカード関連(89)	15.7	27.0	5.6	2.2	9.0	37.1	1.1	2.2
	塾・通信教育・カルチャーセンター関連(104)	20.2	10.6	14.4	2.9	25.0	21.2		5.8
DMの宛先	自分宛(1,076)	27.0	17.6	6.2	5.8	11.5	18.1	3.1	10.7
	配偶者宛(223)	21.5	26.9	10.3	4.0	12.1	17.5	4.0	3.6
	子ども宛(93)	12.9	16.1	19.4	4.3	21.5	23.7		2.2
	その他の家族宛(140)	22.9	20.0	7.1	2.9	18.6	24.3	1.4	2.9
	宛名なし(115)	13.0	13.9	2.6	6.1	11.3	2.6		50.4

【全DM数ベース】

DM閲覧後に行動した割合は20%

DMの閲覧後、何らかの行動を起こした割合は20%。「内容についてインターネットで調べた」が最も多く10%、次いで「商品・サービスを購入・利用した」が2%だった。性別で見ると、「行動あり」は男性25%、女性11%と男女で大きく差がついた。中でも男性は30代と40代、女性は20代で行動に移す人の割合が高い傾向にあった。

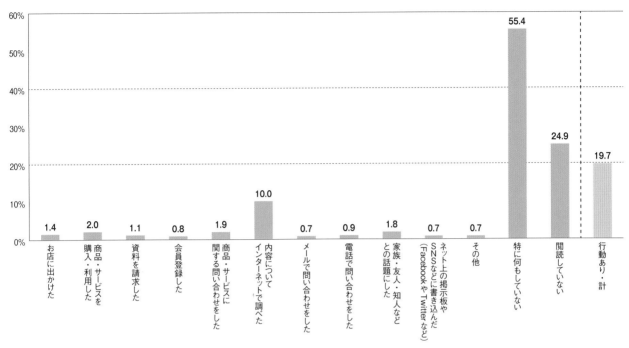

(回答者n=163、DM数n=1,076)【本人宛DM数ベース】(複数回答)

DMで行動した最大の理由は「興味のある内容だったから」

自分宛DM閲覧後の行動理由は、「興味のある内容だったから」が33%で最も高かった。次いで「クーポンなどの特典があったから」(18%)、「割引特典に魅かれたから」(16%)、「書いてある内容に魅かれたから」(13%)と続く。性別で見ると、「クーポンなどの特典があったから」と答えた人は男性(22%)に多く、女性(4%)は少なかった。

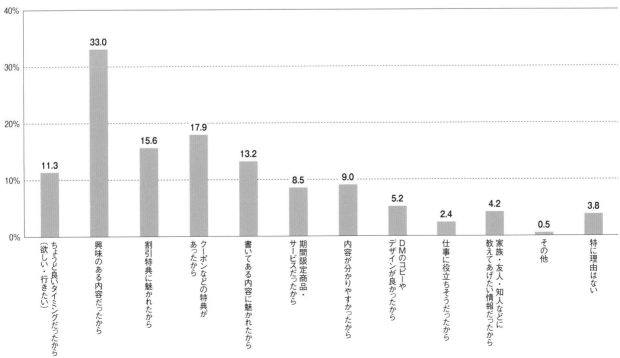

(回答者n=51、DM数n=212)【本人宛DM数閲読後行動者ベース】(複数回答)

DATA 10

自分宛の
DM閲読後の扱い

読んだ後、39%は「自分が保管」

閲読したDMの扱いについては、「捨てた」が49%で最多。「自分が保管した」が39%、「知人に渡した」が12%だった。DMの形状別では、「小包」は保管の割合が54%と高かった。差出人業種別で、保管の割合が高いのは、「通信販売メーカー」(55%)、「薬局・ドラッグストア・化粧品店関係」(52%)、低いのは「塾・通信教育・カルチャーセンター関連」(14%)など。

(%)　　　■ 読んだ後、自分が保管した　■ 読んだ後、家族や友人・知人に渡した　■ 読んだ後、捨てた

		読んだ後、自分が保管した	読んだ後、家族や友人・知人に渡した	読んだ後、捨てた
	全体(DM数n=1,067)	38.6	12.3	49.1
宛先別	自分宛(808)	44.8	3.8	51.4
	配偶者宛(116)	22.4	46.6	31.0
	子ども宛(53)	22.6	17.0	60.4
	その他の家族宛(60)	16.7	55.0	28.3
	自分以外・計(229)	21.0	41.9	37.1
DM形状別	はがき(252)	31.3	12.7	56.0
	圧着型のはがき(223)	52.9	12.6	34.5
	A4サイズはがき(69)	23.2	7.2	69.6
	圧着型のA4サイズはがき(67)	28.4	10.4	61.2
	大型の封書(A4サイズ以上のもの)(121)	38.0	15.7	46.3
	封書(A4サイズ未満のもの)(229)	32.3	16.2	51.5
	小包(43)	53.5	7.0	39.5
	その他(63)	58.7		41.3
DM差出人業種別	通信販売メーカー(114)	55.3	6.1	38.6
	デパート・スーパーなど流通関係(58)	29.3	8.6	62.1
	食料品メーカー・食料品店関係(62)	27.4	3.2	69.4
	衣料品・アクセサリー・時計関係(77)	36.4	13.0	50.6
	家電量販店(61)	47.5	4.9	47.5
	メガネ・コンタクトレンズ(39)	30.8	17.9	51.3
	薬局・ドラッグストア・化粧品店関係(46)	52.2	8.7	39.1
	自動車関係(自動車ディーラー、カー用品店など)(59)	33.9	10.2	55.9
	美容院・エステティック関連(33)	24.2	24.2	51.5
	携帯電話・インターネットの通信サービス関連(50)	48.0	8.0	44.0
	旅行・ホテル・旅行代理店関連(19)	47.4	10.5	42.1
	レジャー施設関連(34)	47.1	8.8	44.1
	不動産・住宅・設備関連(62)	16.1	14.5	69.4
	郵便局・銀行関連(63)	41.3	20.6	38.1
	保険関連(91)	46.2	15.4	38.5
	クレジットカード関連(68)	35.3	19.1	45.6
	塾・通信教育・カルチャーセンター関連(50)	14.0	14.0	72.0

【全DM数の閲読ベース】

DATA 11

自分宛のDM保管理由

DMの保管理由「特典の有効期間は必要」が41%

自分宛のDMを閲読後保管した理由として最も高かったのが「キャンペーンや特典の有効期間の間は必要なので」(41%)。次いで、「今ではなく後で改めて読むため」(21.1%)、「契約書や重要情報など長期保管が必要なものなので」(17%)、「その時は意思決定できなかったのでとりあえず保管する」(10%)、「デザインや内容が好みだったので」などが続いた。

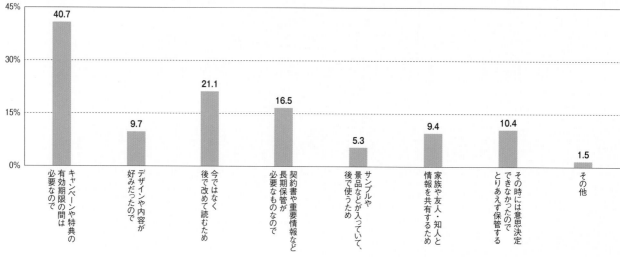

理由	%
キャンペーンや特典の有効期限の間は必要なので	40.7
デザインや内容が好みだったので	9.7
今ではなく後で改めて読むため	21.1
契約書や重要情報など長期保管が必要なものなので	16.5
サンプルや景品などが入っていて、後で使うため	5.3
家族や友人・知人と情報を共有するため	9.4
その時には意思決定できなかったのでとりあえず保管する	10.4
その他	1.5

(回答者n=100、DM数n=393)【DM保管者ベース／本人宛DM数ベース】(複数回答)

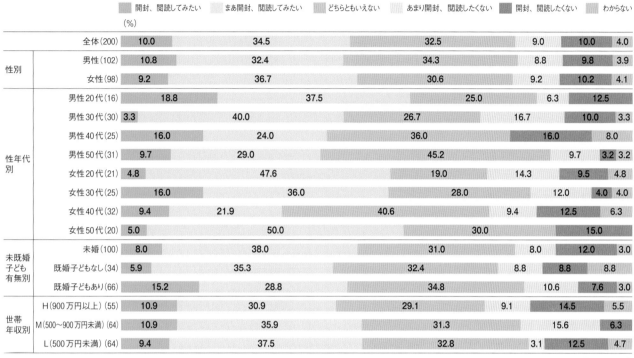

DATA 12
ワン・トゥ・ワンメッセージの パーソナライズ開封意向

開封意向ありは45%

購買履歴やサイト内の行動履歴をもとに個人に合ったメッセージやオファーを提示する「パーソナライズDM」の開封意向は、「開封、閲読してみたい」「まあ開封、閲読してみたい」を合わせて45%だった。

性年代別では、男性20代、女性50代、20代、30代の順に開封意向が高かった半面、女性40代の意向が低かった。

凡例: 開封、閲読してみたい / まあ開封、閲読してみたい / どちらともいえない / あまり開封、閲読したくない / 開封、閲読したくない / わからない

(%)

		開封、閲読してみたい	まあ開封、閲読してみたい	どちらともいえない	あまり開封、閲読したくない	開封、閲読したくない	わからない
	全体(200)	10.0	34.5	32.5	9.0	10.0	4.0
性別	男性(102)	10.8	32.4	34.3	8.8	9.8	3.9
	女性(98)	9.2	36.7	30.6	9.2	10.2	4.1
性年代別	男性20代(16)	18.8	37.5	25.0	6.3	12.5	
	男性30代(30)	3.3	40.0	26.7	16.7	10.0	3.3
	男性40代(25)	16.0	24.0	36.0	16.0	8.0	
	男性50代(31)	9.7	29.0	45.2	9.7	3.2	3.2
	女性20代(21)	4.8	47.6	19.0	14.3	9.5	4.8
	女性30代(25)	16.0	36.0	28.0	12.0	4.0	4.0
	女性40代(32)	9.4	21.9	40.6	9.4	12.5	6.3
	女性50代(20)	5.0	50.0	30.0		15.0	
未既婚子ども有無別	未婚(100)	8.0	38.0	31.0	8.0	12.0	3.0
	既婚子どもなし(34)	5.9	35.3	32.4	8.8	8.8	8.8
	既婚子どもあり(66)	15.2	28.8	34.8	10.6	7.6	3.0
世帯年収別	H(900万円以上)(55)	10.9	30.9	29.1	9.1	14.5	5.5
	M(500〜900万円未満)(64)	10.9	35.9	31.3		15.6	6.3
	L(500万円未満)(64)	9.4	37.5	32.8	3.1	12.5	4.7

【全体ベース】

DATA 13
メディアアクセスDMの 受け取り・アクセス経験

DMを起点にWebメディアにアクセスして情報収集した人は44%

二次元バーコード、SNSなど、WebメディアにアクセスするようなDMを受け取ったことがあると回答した割合（「ある」「たまにある」）は64%。そのDMからWebメディアにアクセスした経験がある人が44%だった。

性年代別に見ると男性の方がアクセス経験が高く、中でも30代男性は57%がアクセスしたことがあると答えた。

◆ メディアアクセスDM受け取り経験 ◆ 凡例: ある / たまにある / ない (%)

		ある	たまにある	ない
	全体(200)	24.0	40.0	36.0
性別	男性(102)	21.6	46.1	32.4
	女性(98)	26.5	33.7	39.8
性年代別	男性20代(16)	12.5	50.0	37.5
	男性30代(30)	30.0	40.0	30.0
	男性40代(25)	24.0	40.0	36.0
	男性50代(31)	16.1	54.8	29.0
	女性20代(21)	23.8	42.9	33.3
	女性30代(25)	40.0	28.0	32.0
	女性40代(32)	31.3	31.3	37.5
	女性50代(20)	5.0	35.0	60.0
未既婚子ども有無別	未婚(100)	25.0	38.0	37.0
	既婚子どもなし(34)	23.5	38.2	38.2
	既婚子どもあり(66)	22.7	43.9	33.3
世帯年収別	H(900万円以上)(55)	14.5	49.1	36.4
	M(500〜900万円未満)(64)	26.6	35.9	37.5
	L(500万円未満)(64)	26.6	37.5	35.9

◆ アクセス経験 ◆ (%)

		ある	たまにある	ない
	全体(200)	10.0	34.0	56.0
性別	男性(102)	10.8	39.2	50.0
	女性(98)	9.2	28.6	62.2
性年代別	男性20代(16)	6.3	50.0	43.8
	男性30代(30)	26.7	30.0	43.3
	男性40代(25)	4.0	44.0	52.0
	男性50代(31)	3.2	38.7	58.1
	女性20代(21)	9.5	33.3	57.1
	女性30代(25)	16.0	28.0	56.0
	女性40代(32)	9.4	31.3	59.4
	女性50代(20)	20.0		80.0
未既婚子ども有無別	未婚(100)	10.0	31.0	59.0
	既婚子どもなし(34)	5.9	35.3	58.8
	既婚子どもあり(66)	12.1	37.9	50.0
世帯年収別	H(900万円以上)(55)	7.3	45.5	47.3
	M(500〜900万円未満)(64)	17.2	23.4	59.4
	L(500万円未満)(64)	6.3	34.4	59.4

【全体ベース】

【事例で学ぶ】
成功するDMの極意
全日本DM大賞年鑑2024

発行日	2024年4月1日
編集	株式会社宣伝会議
編集協力	日本郵便株式会社
発行者	東 彦弥
発行所	株式会社宣伝会議
	〒107-8550
	東京都港区南青山3-11-13
	TEL. 03-3475-3010
	URL https://www.sendenkaigi.com/
デザイン	松田喬史(Isshiki)・さかがわまな(Isshiki)
執筆協力	椎名昌彦(一般社団法人日本ダイレクトメール協会)
編集協力	小峰 悟(日本郵便株式会社)
印刷・製本	シナノ書籍印刷株式会社

ISBN978-4-88335-594-5

宣伝会議の出版物

マーケティングの全体像が俯瞰できる設計図とは

The Art of Marketing マーケティングの技法

メーカーやサービスなど、様々な業種・業態で使われているマーケティング活動の全体設計図「パーセプションフロー・モデル」の仕組みと使い方を解説。消費者の認識変化に着目し、マーケティングの全体最適を実現するための「技法」を説く。ダウンロード特典あり。

音部大輔 著
定価：2,620 円（税込）
ISBN 978-4-88335-525-9

CM制作で活躍する著者が映像制作の「技」を公開

門外不出のプロの技に学ぶ 映像と企画のひきだし

サントリー、PlayStationなど話題のCMに数多く携わってきたクリエイティブディレクターの黒須美彦が、これまでの経験で培った映像制作のテクニックや、企画の発想方法などを公開する。映像コンテンツをつくる人にとって教科書となる１冊。

黒須美彦 著
定価：2,530 円（税込）
ISBN 978-4-88335-573-0

9つのキーワードから分かる、コミュニケーションの未来

世界を変えたクリエイティブ 51のアイデアと戦略

現代におけるコミュニケーションの真理を9つの要素に整理、カンヌライオンズの受賞事例と共に、その課題と解決方法のヒントを紹介する本書。51の事例の日本語字幕付き動画のQRコードを掲載。実際に映像を見ながら学ぶことができる。

dentsu CRAFTPR Laboratory 著
定価：2,530 円（税込）
ISBN 978-4-88335-585-3

月刊『広報会議』人気連載を書籍化！

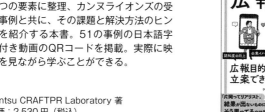

成果を出す 広報企画のつくり方

認知度の向上、営業支援、企業イメージ変容、社会活性化など、目的に向かって企画を立案し広報の成果を社内に示したい人のための１冊。広報担当者から悩みを寄せられることの多い取り組みについて解説する。

片岡英彦 著
定価：2,200 円（税込）
ISBN 978-4-88335-586-0

メディアの関心を「先読み」する極意を解説

先読み広報術 1500 人が学んだ PR メソッド

1500人以上が学んだ人気の広報勉強会の内容を凝縮。メディアの関心を引く話題のつくり方からプレスリリースの書き方、メディア露出効果を最大化させるオウンドメディア・SNS活用法、ChatGPT活用まで、詳細にわたって解説する。

長沼史宏 著
定価：2,090 円（税込）
ISBN 978-4-88335-571-6

学校や企業研修で採用多数のシリーズ第5弾

未来の授業 SDGs × ライフキャリア探究 BOOK

小学生から大人まですべての人が楽しみながらSDGsについて学べる書籍「未来の授業」シリーズ第5弾。「ライフキャリア」をテーマに、サステナブルな未来の社会をつくる、生き方・働き方について考える。先進的な事例も学べる一冊。

佐藤真久 監修／ NPO 法人 ETIC. 編集協力
定価：1,980 円（税込）
ISBN 978-4-88335-587-7

広告制作料金のすべてがわかる日本で唯一の書籍

広告制作料金基準表 アド・メニュー '24-'25

「広告制作に関する適正な商品を適正な価格で売るため、業界単位の基準価格の確立」を目指し、1974年に創刊、26冊目。テレビCM、新聞広告・ポスターといったグラフィック、WEBなどの制作料金のみならず、その制作フローや必要費目の考え方までを解説する。

宣伝会議書籍編集部 編
定価：10,450 円（税込）
ISBN 978-4-88335-581-5

この１年で最も優れた広告645点を収録

コピー年鑑 2023

TCCグランプリ、TCC賞、TCC新人賞をはじめ、4500点超の応募作品の中から90人のコピーライターが選んだ広告645点を掲載。また、受賞作品とファイナリスト作品には、審査委員の眼力と筆力の集積ともいえる充実の審査選評を収録。

東京コピーライターズクラブ 編
定価：22,000 円（税込）
ISBN 978-4-88335-584-6